Dissertations philologiques et bibliographiques par M. Ch. Nodier, et autres, à joindre au Bulletin du Bibliophile.

25 CENTIMES CHACUNE POUR LES SOUSCRIPTEURS.

1°. Avec le N° 2. De la Liberté de la Presse avant Louis XIV.
2°. ——— 6. De la Reliûre en France au XIX° siècle.
3°. ——— 7. De quelques Livres satiriques et de leur clef. 1re partie.
4°. ——— 8. Suite de cet ouvrage. 2° partie.
5°. ——— 9. De la Maçonnerie et des Bibliothèques spéciales. 1re partie.
6°. ——— Le 10° numéro est composé *du langage factice appelé macaronique.*
7°. ——— 11. De la Maçonnerie et des Bibliothèques spéciales, 2° partie.
8°. ——— 12. Des Matériaux dont Rabelais s'est servi pour la composition de son ouvrage.
9°. ——— 13. Des auteurs du XVI° siècle qu'il convient de réimprimer.
10°. ——— 14. Comment les patois furent détruits en France.
11°. ——— 15. Annales de l'imprimerie des Aldes.
12°. ——— 16. Artifices de certains Auteurs pour déguiser leurs noms.
13°. ——— 17. Échantillons curieux et statistiques.
14°. ——— 18. De quelques langues artificielles qui se sont introduites dans la langue vulgaire.
15°. ——— 19. Du Dictionnaire de l'Académie française. 3 parties.
16°. ——— 21. Bibliographie des fous, par Ch. Nodier. 2 parties.
17°. ——— 22. Les Papillottes du perruquier d'Agen, par le même.
18°. ——— 23. Notice sur l'origine des cartes à jouer, par le Bibliophile Jacob.
19°. ——— 24. Notice sur le manuscrit de la chronique des Normands, et sur l'édition qu'en a faite M. Champollion pour la Société de l'histoire de France, par M. Paulin Paris.

3650 a 3671

DE LA

LIBERTÉ DE LA PRESSE

AVANT LOUIS XIV;

PAR M. CH. NODIER.

A PROPOS D'UN PETIT LIVRE INTITULÉ

AU TIGRE DE LA FRANCE.

PARIS,
TECHENER, PLACE DU LOUVRE, 12.
1834.

PHILOLOGIE.

DE LA
LIBERTÉ DE LA PRESSE
AVANT LOUIS XIV.

Anecdote curieuse.

Il y a de très honnêtes gens qui se persuadent que la liberté de la presse est une des conquêtes de la révolution ; hommes candides, sincères, estimables, qui croient tout ce qu'on leur dit sur la foi de la tribune et de la presse, et auxquels il ne manque pour juger sainement des choses, que d'avoir lu ou *de savoir lire*. C'est de cette masse imposante d'opinions individuelles, que se compose le fantôme qu'on appelle l'OPINION PUBLIQUE.

La presse ne subit de répression réelle en France que sous le règne de Louis XIV; et il est difficile de déterminer si la stupeur qui la saisit tout à coup résulta de l'action vigoureuse du pouvoir ou d'un amendement spontané des esprits. Ce qu'il y a de certain, c'est que la force est aussi forte qu'il lui plaît de l'être, et que tout prince qui veut être maître chez lui n'y manque jamais de serviteurs; c'est la loi de l'espèce humaine. Voyez Napoléon, et dites-moi quels écrivains ont osé affronter la tyrannie la plus déclarée qui ait jamais pesé sur les nations? Deux ou trois enfants étourdis peut-être, mais d'autant moins dangereux que le peuple les mettoit au rang des fous, et le peuple avoit raison.

Jusqu'aux premières années du règne réel de Louis XIV majeur, la presse étoit plus libre à Paris qu'elle ne l'a jamais été et ne le sera jamais nulle part. On a vendu chez le duc de la Vallière soixante-sept gros portefeuilles in-4°, de petits pamphlets contre le cardinal Mazarin, et cette énorme quantité de libelles ne compose peut-être pas la soixante-septième partie de ce qui en a paru. Tout cela n'étoit repris par voie de justice qu'autant que les institutions fondamentales de la société s'y trouvoient intéressées. Le reste appartenoit à la critique commune, et le bibliothécaire du ministre, le savant Gabriel Naudé, a fait sur cette matière un excellent ouvrage, où les bonnes intentions et les vrais talents sont appréciés avec autant d'impartialité que s'il s'agissait des affaires d'utopie ou de celles de l'île Sonnante. Nous sommes, sous le rapport de la vraie liberté, à mille générations rétrogrades de ce temps-là. On ne s'en doute guère.

Je suis bien loin de nier cependant que la presse ait eu ses martyrs. Je sais vraiment trop d'histoire littéraire pour tomber dans cette erreur, et j'ai porté une conscience trop loyale dans mes écrits les plus faciles à suspecter de condescendance et de passion, pour l'affecter sans y croire. La liberté de la pensée a malheureusement coûté beaucoup de sang, mais la mauvaise foi seule des hommes de métier qui font industrie et trafic de popularité, peut mettre sur le compte de l'institution politique ces concessions tragiques des tribunaux, qui n'étoient qu'un tribut payé par la peur aux frénésies populaires. Oui, sans doute, la liberté de penser et d'écrire a été souvent réprimée avant le règne de Louis XIV par des arrêts homicides, mais ces arrêts déplorables qu'il faudroit pouvoir effacer de l'histoire des nations, ce n'étoient pas les rois, c'étoit le peuple qui les dictoit; c'étoit l'émeute victorieuse qui venoit les arracher aux tribunaux, un poignard levé d'une main sur le sein de l'accusé, un poignard levé de l'autre sur le sein du juge. A cette époque, si sottement calomniée par l'ignorance ou le mensonge, tout attentat contre l'indépendance de l'âme et du génie, a été l'ouvrage du peuple; et moi, qui n'ai pas, grâce au ciel, les mêmes raisons que les monopoleurs du vote et les privilégiés de l'ovation, pour caresser d'une flatterie honteuse la *bellua multorum capitum* d'Horace, je ne sais pourquoi j'hésiterois à dire une fois ce que l'on n'a jamais dit, quoique tous les gens instruits le sachent mieux que moi.

Non-seulement le droit de plainte, de réclamation, de censure, de résistance morale et matérielle, étoit largement libre pour les états-généraux, pour les parlements, pour les cours souveraines, pour les assemblées provinciales, mais il appartenoit à quiconque savoit écrire et vouloit imprimer ; et il est vraisemblable que la légalité qui atteignoit ces délits étoit moins rigoureuse que la nôtre pour ceux qui ne s'attaquoient qu'aux pouvoirs constitués de l'état, puisque la presse elle-même, si intéressée à crier de ses blessures , nous a conservé moins de procédures de ce genre en deux siècles, que la *Gazette des Tribunaux* n'en étale en deux jours. On ne dira pas pour me répondre que le libellisme a gagné en fécondité dans la même proportion. Les insulteurs répandus sur le chemin du triomphe, ne font plus que des groupes isolés, et sans consistance; c'étoient alors des légions et des armées. Un bibliophile s'amuse à recueillir ces témoignages contemporains de nos ignobles discordes sous vingt ministres différents, et je garantis qu'il en a tout au plus de quoi remplir les soixante-sept portefeuilles du recueil si notoirement incomplet des *Mazarinades*. Quant à Anne Dubourg, à Estienne Dolet, à Geoffroy Vallée, à Simon Morin, à Claude Petit, à cinquante autres victimes innocentes, ou du moins excusables, du fanatisme ou des infâmes concessions de la justice, le crime en est à la *bellua centiceps* du poëte, comme le massacre de la Saint-Barthélemy, comme les fureurs de la ligue. Ce ne fut probablement pas la bouche d'Henri III qui ordonna au parti vainqueur de pendre le président Brisson à une des corniches de la salle du conseil. Ce furent les seize bouches sanglantes du monstre. Partout où l'exercice temporaire de cette tyrannie de la populace qu'on appelle sa souveraineté n'est pas réprimée soudainement par une main toute puissante, il y a violation des loix humaines et de la liberté.

L'ascendant d'un charlatanisme imposteur qui donnoit pour nouveau tout ce qui s'approprioit bien ou mal aux vœux irréfléchis de la masse, n'étoit pas difficile à comprendre au moment de la révolution de 1789. L'éducation collégiale, fermée à l'histoire de France, ne s'ouvroit qu'au récit de ces énormes brutalités grecques et romaines, sous la garantie desquelles on sanctifioit, dans la chaire des professeurs le fratricide de Timoléon et le parricide des Brutus. Notre passé, à nous, n'étoit qu'esclavage et barbarie, et nous avions pour témoins de ce grand fait du passé quelques pieds-plats de barbouilleurs dont l'érudition n'est jamais allée jusqu'à épeler une ligne des chroniques. Aujourd'hui, ce n'est pas tout-à-fait la même chose. La science des faux docteurs, à force d'aiguiser des armes contre la vérité, en a dérouillé quelques-unes qui la blesseront à mort quand on daignera les ramasser. Telle est la question de la liberté de la presse.

Oui, sans doute! la presse a eu de grands et d'honorables martyrs sur lesquels les larmes des gens de bien coulent encore : Ramus, assassiné par les péripatéticiens des écoles; Dolet, aux acclamations d'un peuple extravagant dans sa foi, comme il l'a été depuis dans son athéisme; Morin, le patron inconnu des saint-simoniens, qui fut pendu en prophétisant que ses successeurs seroient lapidés, et qui a prophétisé juste; Cazotte, parcequ'il aimoit la royauté; Du Rozoy, parcequ'il aimoit le roi; et tout le reste, selon que la *bellua* caméléon avoit changé de robe et de passion, pendant qu'on égorgeoit les uns ou les autres. L'espèce anthropophage reste toujours la même, en dépit des progrès de son prétendu perfectionnement. Bigote, elle mange des incrédules; incrédule, elle mange des prêtres; il n'y a de nouveau que le menu du festin. Les goules populaires qui déterrèrent le maréchal d'Ancre pour le dévorer, auroient été très dignes de participer à la curée de septembre sur le cadavre de la princesse de Lamballe. Il y a quatre ans qu'elles demandoient *du ministre*, et si on ne les musèle pas, elles en demanderont demain. Toute l'histoire des peuples civilisés est écrite en grosses lettres et imprimée avec du sang, dans l'histoire des cannibales.

A force de chercher, on trouveroit bien dans l'époque que j'ai marquée, c'est-à-dire avant Louis XIV, deux ou trois hommes alors populaires, et qui ne furent réellement sacrifiés qu'à de cruelles vengeances royales, tels qu'Edmond Bourgoin et Jean Guignard; mais ce n'est pas en faveur de ceux-là qu'on réclame au nom de la presse persécutée par les *tyrans* du seizième siècle. Leur supplice date du joyeux et favorable avènement d'Henri IV, et il a fourni un texte inépuisable d'équivoques galantes et de gracieuses bouffonneries à la tolérante Clio de Voltaire. C'est qu'il n'y avait pas grand mal de tirer à quatre chevaux de pauvres moines stupides ou fanatiques, mais pleins de conscience et de courage, qui osoient énoncer dans la chaire de vérité le sentiment qu'ils professoient dans le for intérieur de leur âme. Le premier étoit dominicain et le second jésuite; et toutes les fois qu'un encyclopédiste parle de la liberté de la pensée, les dominicains et les jésuites sont exceptés de droit.

J'ai promis une anecdote singulière; anecdote historique, anecdote littéraire, anecdote bibliographique, si l'on veut, et cependant anecdote presque *inédite* de nos jours, suivant la véritable acception du mot, quoiqu'elle ait été consignée dans trois de nos historiens les plus accrédités parmi les savants. Si les principes que je viens d'établir avoient besoin d'une preuve, je n'irois pas en chercher une autre, mais je la regarde comme un ornement de luxe. La voici :

Sous le règne de notre jeune roi François II, mari infortuné de cette reine Marie Stuart, qui fut plus infortunée que lui, les Guises seuls régnoient en effet, couverts du masque de la religion, comme ils l'auroient été plus tard de celui de la liberté. Le peuple étoit *guisard*, et vouoit un culte idolâtre aux insolents tuteurs de son prince enfant. Valois exécroit les princes de Lorraine, mais il subissoit leur joug sans se plaindre, avec l'humble résignation d'un écolier malade; et ce n'étoit pas sans motif, car ce peuple forcené, d'où sortirent les ligueurs quelques années après, l'auroit brisé sur sa tête, s'il avoit essayé de le soulever. C'est cet état de choses qui donna lieu au fait que Regnier de la Planche racontera au lecteur dans des termes qui valent mieux que les miens (1) :

« Nous avons dit que la cour de parlement faisoit de gran-
» des perquisitions à l'encontre de ceux qui imprimoyent ou
» exposoyent en vente les escrits que l'on semoyt contre ceux
» de Guise. En quoy quelques iours se passèrent si accorte-
» ment qu'ils sceurent enfin qui auoit imprimé un certain
» liuret fort aigre intitulé le Tygre. Vn conseiller nommé
» du Lyon en eust la charge, qu'il accepta fort volontiers,
» pour la promesse d'un estat de président au parlement

(1) *Histoire de l'estat de France, tant de la république que de la religion, sous le règne de François II.* 1576. In-8°, p. 305 et suivantes.

» de Bourdeaux, duquel il pourroit tirer deniers, si bon
» luy sembloit. Ayant donc mis gens après, on trouua l'im-
» primeur nommé Martin L'Hommet qui en estoit saisi.
» Enquis qui le luy auoit baillé, il respond que c'est un
« homme incontnu, et finalement en accuse plusieurs de l'a-
» voir veu et leu, contre lesquels poursuites fusrent faites,
» mais ils le gagnèrent au pied. Ainsi qu'on menoit pendre
» cest imprimeur, il se trouua un marchant de Rouen, moyen-
» nement riche et de bonne apparence, lequel voyant le peu-
» ple de Paris estre fort animé contre ce patient, leur dit seu-
» lement, et quoi, mes amis, ne suffit-il pas qu'il meure? Lais-
» sez faire le bourreau. Le voulez-vous dauantage tourmenter
» que sa sentence ne porte? (Or ne sauoit-il pourquoy on le fai-
» soit mourir, et descendoit encor de cheual à une hostellerie
» prochaine.) A ceste parolle quelques prestres s'attachent à
» lui, l'appellant Huguenot et compagnon de cest homme, et
» ne fust ceste question plustost esmeue que le peuple se iette
» sur sa malette et le bat outrageusement. Sur ce bruit ceux
» qu'on nomme la iustice approchent, et pour le rafreschir le
» meinent prisonnier en la conciergerie du palais, où il ne fut
» plustost arrivé que du Lyon l'interrogue sommairement sur
» le fait du Tygre, et des propos par luy tenus au peuple. Ce
» paure marchant iure de sauoir que c'estoit, ne l'auoir
» iamais veu, ni ouy parler de messieurs de Guise; dit qu'il
» est marchant qui se mesle seulement de ses affaires. Et quant
» aux propos par luy tenus, ils n'auoyent du offenser aucun.
» Car meu de pitié et compassion de voir mener au supplice
» un homme (lequel toutesfois il ne recognoissoit et n'auoit
» iamais veu) et voyant que le peuple le vouloit oster des
» mains du bourreau pour le faire mourir plus cruellement,
» il auoit seulement dit qu'ils laissassent faire au bourreau
» son office; et que là-dessus il a esté iniurié par des gens de
» robbe longue, pillé, volé et outragé par le peuple, et mené
» prisonnier ignominieusement, sans auoir iamais mesfait ne
» mesdit à aucun, requerant à ceste fin qu'on enquist de sa
» vie et conuersation, et qu'il se sumettoit au iugement de
» tout le monde. Du Lyon sans autre forme et figure de procez,
» fait son rapport à la cour et aux iuges déléguez par icelle,

» qui le condamnent à estre pendu et estranglé en la place
» Maubert, et au lieu mesme où auoit esté attaché cest im-
» primeur. Quelques iours après, du Lyon se trouvant à soup-
» per en quelque grande compagnie, se mit à plaisanter de ce
» pauvre marchant. On lui remonstra l'iniquité du iugement
» par ses propos mesmes. Que voulez-vous? dit-il, il faloit
» bien contenter monsieur le cardinal de quelque chose,
» puis que nous n'auons peu prendre l'autheur ; car autre-
» ment il ne nous eust iamais donné relasche. »

C'est ainsi que le peuple entend les libertés politiques du pays quand il est souverain, ou, pour parler plus
exactement, quand il se croit souverain, sous la domination
des scélérats qui exploitent ses passions, pour les faire servir
au succès de leur ambition ou à l'exécution de leurs vengeances. J'ai conservé soigneusement l'orthographe antique de
cette page d'histoire, afin d'éviter à mon lecteur quelque méprise de chronologie. Et en effet, au lieu des hommes à robe
longue, mettez des hommes à veste courte, Fouquier-Tinville
à la place du Lyon, et Marat à la place du cardinal de Lorraine; le récit que je viens de vous faire datera de l'an II de la
république.

Le passage de Brantôme est heureusement plus explicite, en
ce qui concerne le livre même, bien qu'il ne paroisse pas que
ni Brantôme, ni Regnier de la Planche, ni Bayle qui les copie
tous les deux, en aient jamais vu d'exemplaire : « Il y eut for-
» ce libelles diffamatoires, dit-il, contre ceux qui gouvernoient
» alors le royaume; mais il n'y eut aucun qui picquât plus
» qu'une invective intitulée Le Tigre (sur l'imitation de la
» première invective de Cicéron contre Catilina), d'autant
» qu'elle parloit des amours d'une très grande et belle
» Dame et d'un Grand son proche : si le galant auteur eût es-
» té appréhendé, quand il eût eu cent mil vies, il les eût tou-
» tes perdues : car et le Grand, et la Grande en furent si es-
» tomaquez, qu'ils en cuidèrent désespérer. » (1)

On voit que Brantôme plus retenu en cette occasion qu'a
son ordinaire, soit qu'il eût encore quelque raison de modé-

(1) *Vies des dames galantes*. Leyde, Sambix, 1666, t. 2, p. 467.

rer l'intempérance habituelle de sa verve médisante, soit qu'il n'en sût réellement pas davantage, a laissé dans une obscurité presque impénétrable le secret de ces scandaleuses personnalités. Le titre même du libelle restoit à déterminer exactement, car si Brantôme et Régnier de la Planche l'appellent *le Tigre*, de Thou, qui n'a fait que traduire le vieil auteur dans un latin plus énergique et plus concis, et qui étoit plus compétent que personne en matière de bibliographie, n'est pas d'accord avec lui sur ce cas du substantif : « *libellus incerto nomine*, dit-il (Tome II, p. 9 de l'édition de Londres), *In Guisianos scriptus, cui ob id* TIGRIDI *titulus præfixus erat.* » *Tigridi* signifie *au Tigre*, et non pas *le Tigre*, et telle devoit être en effet la forme de l'invective, si bien caractérisée par Brantôme.

La science des amateurs en étoit là, quand l'intelligente activité du libraire Techener a découvert dans une obscure bibliothèque de province un petit écrit de sept feuillets intitulé : *Epistre enuoiée au tigre de la France*(1), qui remplit toutes les conditions du libelle décrit par Brantôme, sur la foi de la tradition judiciaire ou de la tradition publique. L'imitation éloquente de la première Catilinaire y est sensible à toutes les phrases, et il suffit de citer les premières lignes de la copie, pour rappeler le modèle : « Tigre enragé, vipère ve-
» nimeuse, sépulcre d'abominations, spectacle de malheur,
» *jusques à quand sera-ce que tu abuseras* de la jeunesse
» de notre roy ? ne mètras-tu jamais fin à ton ambition
» démesurée, à tes impostures, à tes larcins, etc. » Tout le discours est soutenu comme celui de l'orateur romain sur ce ton d'apostrophe et d'imprécation. Il n'y a rien à opposer à cette preuve éclatante d'identité.

L'épisode relatif aux amours d'un *grand* et d'une *grande* est encore plus diffamatoire que la vague indication de Brantôme ne l'auroit fait supposer : « Tu fais profession de pres-
» cher de saincteté, toy qui ne connois Dieu que de parolle,
» qui ne tiens la religion chrestienne que comme un masque

(1) Voyez n° 161 du *Bulletin du Bibliophile*, chez Techener, place du Louvre, n° 12.

» pour te déguiser, qui fais ordinaire traffique, banque et
» marchandise d'évesches et de bénéfice, qui ne vois rien de
» sainct que tu ne souilles, rien de chaste que tu ne violles,
» rien de bon que tu ne gastes. L'honneur de ta sœur ne se
» peut garentir d'avec toy. Tu laisses ta robe, tu prens l'espée
» pour l'aller voir. Le mary ne peut estre si vigillant que tu ne
» decoyves sa femme; etc. » La malheureuse dame dont il est
question ici ne seroit-elle pas Anne d'Est, femme de François
de Lorraine, duc de Guise, belle-sœur et non sœur du cardinal, ce qui diminueroit au moins un peu l'horreur de cet inceste? C'est un doute que j'abandonne à regret aux muses spinthriennes qui explorent sur nos théâtres les débauches et les turpitudes des vieilles cours.

La même inexactitude existe encore sur l'auteur de l'ouvrage qui a eu, comme on vient de le voir, d'excellentes raisons pour ne pas se faire connoître. Bayle, qui ne paraît pas avoir vu ce rarissime libelle, l'attribue à François Hotman, et s'il l'avoit vu, il auroit insisté sans doute avec une conviction mieux établie sa conjecture, car je ne crains pas de dire qu'il n'y avoit peut-être que François Hotman alors qui fût capable de s'élever dans notre langue aux hauteurs de cette véhémente éloquence. Là se trouvent, et presque pour la première fois, quelques-unes de ces magnifiques tournures oratoires qu'un génie inventeur pouvoit seul dérober d'avance au génie de Corneille, de Bossuet et de Mirabeau : « Tu fis tant par tes impostures que, sous l'amitié fardée d'un pape dissimulateur, ton frère aîné fut fait chef de toute l'armée du roi. » — Je connois ta jeunesse si envieillie en ton obstination et tes mœurs si dépravées, que le récit de tes vices ne te sauroit émouvoir. »
— « Si tu confesses cela, il te faut pendre et étrangler; si tu le nies, je te convaincrai. » — Cicéron lui-même n'a pas de traits qui ne le cèdent à ceux-ci en vigueur et en bonheur d'expression. François Hotman étoit d'ailleurs en Alsace, pour ses missions d'Allemagne, dans l'année 1560; or, le libelle a été certainement imprimé à Strasbourg ou à Basle, et on ne sait dans laquelle de ces deux villes, Jacques Estauge, imprimeur à Basle en 1562, avoit d'abord établi ses presses. Ce dont il est impossible de douter, c'est que l'*Epître au Tigre* est sortie

des presses de Jacques Estauge; la conformité des caractères frapperoit les yeux les moins exercés. C'est la forme large, et évasée des capitales, l'E romain a la bouche oblique, au lieu d'être tirée horizontalement au composteur, le Z romain aux barres flexueuses comme dans les italiques, le point d'interrogation capricieusement contourné, le type identique enfin de l'*Elégie de la jeune fille déplorant sa virginité perdue*, signée en 1557 par Jacques Estauge, qui, selon sa méthode de ce temps-là, ne fait pas mention de nom de lieu.

Mais l'imprimeur Martin L'Hommet, me dira-t-on, pourquoi donc fut-il pendu, s'il n'avoit pas imprimé l'*Epître au Tigre*? Hélas! demandez plutôt au peuple, au cardinal, au bourreau, et à M. Du Lyon. Martin L'Hommet n'étoit pas même imprimeur : c'étoit un libraire, et un pauvre libraire, *Pauperculus librarius*, dit de Thou, chez qui le hasard en avoit fait tomber quelques copies, non peut-être sans connivence de la police de M. Du Lyon, qui étoit pressé de *contenter* M. le cardinal en quelque chose, et de gagner son état de président au parlement de Bordeaux : *Si ce n'est toi, c'est donc ton frère*, dilemme éternel d'une logique qui ne vous est pas inconnue, pour peu que vous soyez au monde; celle du peuple, des tyrans et des loups.

Paris, Imprimerie de BRUN, rue du Hail, n° 5.

DE LA RELIURE EN FRANCE AU DIX-NEUVIÈME SIÈCLE,

PAR M. CH. NODIER.

Si mon lecteur redoute la chaleur, la cohue, et l'émulation importune des industriels entassés à grands frais dans une foire-modèle, dans un bazar-monstre, il peut se rassurer tout de suite. Je ne le conduirai point à l'*exposition des produits de l'industrie*. Je serois un fort mauvais guide pour lui dans ce pays-là, et il peut m'en croire sur parole, car l'espèce quotidienne de littérature à laquelle j'appartiens n'est pas sujette à se décrier aux enchères. C'est que je n'entends rien du tout à l'industrie, et que Dieu m'a placé fort à propos dans un siècle où elle n'a presque plus rien à produire. Je n'aurois pas avancé sa besogne.

Il m'est rarement arrivé d'égayer mon esprit aux chants de l'alouette, dans mes promenades matinales, sans me sentir tout à coup tourmenté d'une profonde angoisse de cœur à la pensée des piéges qui lui sont tendus par l'oiseleur, et surtout de ces cristaux insidieux et mobiles où se reproduit à ses yeux trompés l'image multipliée du soleil. Douce et gentille alouette, ô toi qu'a chantée Ronsard dans des vers qu'on ne surpassera point, aimable oiseau que la nature semble n'avoir formé que pour le ciel en lui refusant la faculté commune à tous les autres, de percher sur les ramées, combien ton aimable vie, toute nourrie d'harmonie et de lumière, se serait épanouie joyeuse et libre, si l'intelligence enfantine et bienveillante des premiers âges ne s'étoit jamais élevée au-dessus de la portée de la mienne! Que tu serois heureuse, dans tes sillons voilés d'épis, vive et charmante créature, si tu n'avois à craindre que les milans!

Ceci veut dire que je suis essentiellement incapable d'inventer le simple mécanisme du miroir d'alouettes, et que je ne le retrouverois certainement pas s'il étoit perdu. Pauvres alouettes, que Dieu vous garde!

Z.

Je n'oserois dire qu'il en fût de même de la reliûre et de l'embellissement des livres, dont l'étude a été pour moi un goût d'instinct. Un des premiers besoins qui se révèlent chez l'homme, c'est celui d'orner ce qu'il aime. Il se complaît d'abord à la parure de sa mère, et puis à celle de l'autel où il prie, et de l'image du saint patron auquel il croit confier des vœux étendus. Quand son cœur s'ouvre aux passions de la vie, il prodigue à sa maîtresse les fleurs et les rubans. Quand son esprit perçoit des jouissances plus durables, quand il est parvenu à s'associer, dans un ordre de pensée plus élevé, aux découvertes de la science et aux conceptions du génie, il regrette que le maroquin, la soie et l'or ne soient pas assez riches pour décorer les chefs-d'œuvre de ces amis immortels que l'intelligence lui a donnés. Il lui semble que la pourpre n'est pas trop pour Cicéron, que le tabis aux ondoyantes couleurs n'est pas trop pour La Fontaine. Il comprend Alexandre qui renfermoit les livres d'Homère dans les somptueuses cassettes de Darius. Pourquoi sont faites les pompes de l'art manuel, de l'industrie mécanique, si ce n'est pour relever l'éclat de la beauté et de la gloire? Il n'y a, en vérité, que ces deux choses-là qui méritent des flatteurs sur la terre. La vertu n'en veut pas.

Le XVII° siècle qui produisoit pour l'avenir étoit fort étranger à cette élégante manie des siècles stationnaires qui ne produisent plus. La Bruyère appeloit les belles bibliothèques des *tanneries*, et il ne nous reste de celle de Racine qu'un certain nombre de volumes en veau blanc qui sont en général fort *pochetés*. Le siècle des créations durables n'est pas celui des arts de luxe. Le premier brille de sa jeunesse, et le second d'une magnificence empruntée, comme les coquettes surannées qui ont été jolies. Des châsses dorées aux vieux saints; des reliûres dorées aux vieux écrits.

Quand la reliûre s'empara des merveilles typographiques de l'âge d'invention, quiconque étoit lettré vouloit avoir des livres, et j'en suis bien fâché pour la perfectibilité, la classe vraiment lettrée étoit infiniment plus nombreuse qu'aujourd'hui, à cette époque d'ignorance et de barbarie. C'est un grand déboire pour la vanité des peuples avancés;

mais j'en veux donner une seule preuve en passant. Les six premières éditions des *Colloques d'Érasme* s'étant épuisées à Paris en peu d'années, l'illustre Simon de Colines, un des excellens imprimeurs de son temps, se crut obligé de les publier de nouveau à vingt-quatre mille exemplaires; et cette édition elle-même, enlevée en quelques jours, fut bientôt si usée à la lecture, qu'on ne la retrouve plus. Or, les *Colloques d'Érasme* roulent en partie sur de hautes questions de morale religieuse et politique, et ils sont écrits en latin. J'attends à un pareil succès, dans cet an de grâce des lumières et de la vérité, certains de nos philosophes qui écrivent en françois, ou qui font du moins tout ce qu'ils peuvent pour cela. Ce sera un grand événement.

Il y eut donc alors autant de bibliothèques que de gens lettrés. Par un singulier bonheur qui a presque toujours manqué aux générations suivantes, les rois et les grands protégèrent l'art naissant qui embellissait les chefs-d'œuvre. Les libéralités d'Henri II, d'Henri III, de Diane de Poitiers, du trésorier Grollier, du président de Thou, des d'Urfé, firent éclore des prodiges. La reliûre, inspirée du prodigieux génie de la renaissance, broda sur le maroquin des arabesques merveilleux qui font envie aux riches fresques de l'Italie; et, ce qui paraît étrange, c'est que le nom des ingénieux artistes qui exécutoient ces beaux ouvrages, ne nous est point parvenu. M. Dibdin, savant bibliographe anglois, prenant au pied de la lettre l'expression elliptique de notre admiration pour les superbes reliûres de Grollier, a confondu le sage et savant administrateur de la fortune publique avec un doreur de livres. Cette méprise ne se renouvellera plus dans notre âge d'ignorance systématique et de sotte vanité. Les relieurs signent tout ce qu'ils font, et les trésoriers n'ont plus de livres.

Quand les capacités intellectuelles passoient encore pour quelque chose, il n'y avoit si riche traitant qui ne se sentît l'envie de se frotter d'un peu d'esprit pour justifier sa fortune. Montauron donnoit de l'argent à Corneille, La Popelinière donnoit des filles à Marmontel, Mme Geoffrin donnoit des culottes à d'Alembert. Tout ce monde-là faisoit relier des livres, sauf à ne les lire jamais. Depuis que les gens de lettres ont fait une révolution à l'avantage des gens riches, ceux-ci se passent de ceux-là. La valeur essentielle d'un homme est cotée à son cens de contribution. Il n'a pas besoin de science pour devenir ce qu'on appelle drôlement un grand citoyen, que de celle d'amasser beaucoup et de dépenser le moins possible ; car nous vivons dans un siècle de perfectionnement. Les *Comptes-Faits* de Barême et l'*Almanach* royal composent toute la bibliothèque essentielle d'un éligible.

Il ne seroit donc pas étonnant que dans ces jours de prospérité littéraire, où les riches qui savent lire aiment mieux emprunter les livres et ne pas rendre que de les acheter, l'art de la reliûre fût déchu tout naturellement de son ancienne splendeur ; et ce n'étoit vraiment pas la peine de chercher une autre cause à cette crise nécessaire ; on n'en juge cependant pas ainsi dans les bureaux d'un journal justement accrédité, qui professe un optimisme fort large, et qui trouve tout au mieux, à l'école romantique près, quoique l'école romantique ne soit en réalité que l'expression écrite de notre dévergondage social. Selon le spirituel rédacteur, la reliûre est tombée en France, parce qu'on ne veut plus relier les romantiques ; et cet arrêt est formel : les romantiques sont condamnés à mourir brochés, ils n'auront pas même un tombeau de basane où attendre la poussière et les vers, dans ces immenses nécropoles qu'on appelle les bibliothèques, à côté des classiques leurs contemporains, qui ont l'honneur de moisir dorés sur tranche. Cela est dur, mais cela est écrit, et quasi officiel.

Il y a beaucoup à rabattre, hélas ! de cette illusion poétique, et je le déclare à mon grand regret, car j'ai fait des livres aussi qui ne demandoient qu'à vivre, les pauvres diables ! Je conviens que je ne sais pas précisément s'ils sont classiques ou romantiques, et je suis assez disposé à croire, *in petto* qu'ils ne sont ni l'un ni l'autre ; mais c'est tout un, pour cette reliûre que j'ai appelée un art, et qui n'a rien de commun avec la reliûre de cabinet littéraire, d'échoppe et de magasin. Classiques ou romantiques, excentriques ou mixtes, elle ne veut point de nos œuvres (pardonnez-moi ce collectif présomptueux), et heureusement, cela ne signifie pas qu'elle n'existe plus. Elle nous laisse flétrir à la poudre des quais ou pourrir à la filtration des auvents, sous l'enveloppe hygrométrique et dans le papier spongieux auquel une typographie vengeresse livre par dérision notre immortalité de trois mois! Mais elle plie, elle bat, elle presse, elle coud, elle endosse, elle couvre, elle tranchefile, elle double, elle dore toujours. Elle est vivante, je vous en réponds! L'ingrate! Elle a du velours, du satin, du cuir de Russie, du maroquin du Levant, des filets, des rosaces, des coins, des bordures, des dentelles, des compartimens, des fermoirs, pour la Bible, pour Virgile, pour Horace, pour Racine, pour Molière. C'est une indignité!

Tant de magnificence, il faut nous y résigner, ne recommandera pas aux regards de l'avenir le cercueil de papier à sucre où nous ensevelissons notre génie, à moins que nous n'ayons pris la précaution dispendieuse de le faire enfermer nous-mêmes dans un opulent mausolée, pour aller étaler entre deux girandoles les reflets de ces tranches intactes sur le *somno* d'un grand seigneur, ou traîner sur son bureau à côté d'un encrier vierge. C'est par ce seul moyen, et c'est là seulement que nos livres pourront jouir des honneurs d'une reliûre splendide. On n'y trouvera pas les miens.

La reliûre est vivante, je le répète. Il est vrai qu'elle s'est peu ressentie, depuis quelque temps, de l'impulsion extraordinaire que le mouvement du siècle a communiquée à tous les arts, et qui les a portés à cet apogée rationnel où sont parvenus certains genres de la littérature, par exemple, comme les convenances du drame et les aménités de la critique. Plus modeste dans ses entreprises, elle n'a cherché le progrès qu'en rétrogradant vers les modèles parfaits du passé ; cette pratique ne seroit peut-être pas mauvaise à suivre ailleurs, mais je ne conseille rien.

Ce qu'il y a de certain, c'est qu'il s'est manifesté nouvellement dans l'esprit des nations une propension de retour effrayante pour la perfectibilité. Je ne sais plus où celle-ci nous mènera, si nous persistons à nous en aller en sens contraire, et ce seroit vraiment grand dommage, car nous étions en beau chemin. Ce qu'il y a de pis, c'est que c'est au milieu des hommes nourris de fortes études qu'e s'est déclaré surtout cet essor inverse de la pensée, qui menace de nous faire perdre, en peu d'années, toutes les conquêtes du xviii° siècle, si nous n'y prenons pas garde. Le peintre dessine les vieux monumens que l'architecte cherche à relever, et le poète se pénètre de l'inspiration naïve et hardie des vieux vers que le typographe réimprime. Il y a des acheteurs pour les meubles du moyen-âge, et des lecteurs pour les chroniques. Une savante jeunesse exhume de la poudre des bibliothèques et des archives les chartes et les diplomes du temps passé. Un digne successeur des Gourmont, des Badius et des Étienne, M. Crapelet; un ingénieux émule du bon Galiot du Pré, M. Techener, ressuscitent à la satisfaction des connoisseurs ce que Boileau appeloit dédaigneusement le fatras des vieux romanciers, et leurs entreprises, profondément ignorées du feuilleton, réussissent et prospèrent sans lui. Un de ces hommes éminemment habiles qui appliqueroient leur aptitude avec un succès égal à tous les genres d'études, M. Simonin, a porté si haut sous nos yeux la science de la *Bibliatrique*, ou restauration des vieux livres, qu'on pourrait dire, sans exagération, qu'il l'a inventée. Un jeune et docte libraire, organisé pour tout ce qu'il y a de bon et de beau, et animé de ce zèle actif et producteur sans lequel les plus heureuses dispositions resteroient stériles, M. Crozet, secondé par le goût délicat de quelques amateurs instruits, sonde les cryptes cachées où s'enfouissoient les trésors de notre littérature intermédiaire, va les reconquérir sur l'étranger, les rajeunit et les immortalise. C'est dans le cours de cette période mémorable qu'apparut Thouvenin, et l'expression un peu fantastique dont je me sers ne dit rien de trop pour caractériser l'avènement et l'influence d'un tel homme; car c'est de l'histoire industrielle que j'écris, et elle a peut-être autant de droits que telle autre à usurper les figures de la rhétorique. Il n'est pas ici question du temps où, emporté par le goût des innovations à la mode, il raffina sur les dentelles baroques de la reliure *impériale*, ou inventa ces empreintes, plus maussades encore, qui réduisirent la main-d'œuvre du doreur de livres à l'ignoble artifice du fer à gaufres, mais de ces deux ou trois années de perfection presque achevée qui le consumèrent, et pendant lesquelles il s'est reporté avec un habile courage aux beaux jours de Derome, de Padeloup, de Desœuille, d'Enguerrand, de Boyer, de Gascon, pour les surpasser en les imitant. Les noms que je viens de citer sont ceux des maîtres de cet art, qui a cela de particulier, qu'il n'a pas produit jusqu'à nous plus de trois excellens ouvriers par siècle.

Thouvenin est mort quand il arrivoit au plus haut degré de son talent; Thouvenin est mort en rêvant des perfectionnemens qu'il auroit obtenus, qu'il auroit seul obtenus, peut-être; Thouvenin est mort pauvre, comme tous les hommes de génie qui ne sont pas hommes d'affaires, et qui tracent le chemin du progrès, sans le fournir jamais jusqu'au bout. Il n'est pas arrivé une seule fois, depuis le commencement des siècles, que la Terre promise s'ouvrît à celui qui l'avoit devinée.

Mais la reliûre n'est pas descendue tout entière dans le tombeau de Thouvenin. Son exemple a inspiré d'heureuses émulations; son école a formé d'industrieux élèves; son art, au point où il l'a ramené, est de tous les arts du pays celui qui reconnoît le moins de rivalités en Europe. L'Angleterre elle-même, qui nous étoit encore si supérieure en ce genre, il y a moins d'un quart de siècle, ne soutient aujourd'hui avec nous une espèce de concurrence que dans le choix des matières premières, dont une avare et mal-adroite prohibition nous interdit l'usage. C'est ce qu'a prouvé avec éclat la dernière *exposition des produits de l'industrie*; et je rendrois justice avec plaisir aux heureux talens qu'elle a fait briller, si un juste sentiment de convenances ne me défendoit d'empiéter sur le domaine d'un de mes collaborateurs. J'ai tout au plus le droit de me joindre à lui pour prêter une foible autorité de plus au jugement qu'il a porté des travaux de M. Simier, qui justifie de plus en plus la réputation acquise à son nom par son honorable père, un des premiers restaurateurs de la reliûre françoise.

Parmi les relieurs qui n'ont pas exposé au concours de 1834, il en est deux dont la modestie me laisse plus de latitude, et que je ne passerai pas sous silence. M. Ginain est un de ces artistes consommés auxquels les amateurs peuvent confier leurs livres les plus précieux avec une assurance qui ne sera jamais trompée. La solidité de sa construction, le bon goût de ses ornemens, la netteté et l'élégance de son exécution, la modération de ses prix le recommandent depuis long-temps à la librairie de luxe et aux propriétaires de collections choisies. M. Bauzonnet, plus spécialement connu des curieux, comme successeur de Purgold, qu'il a laissé bien loin derrière lui, ne paroît s'être dérobé aux honneurs de l'exhibition publique que pour y faire remarquer son absence; car aucun relieur, je pense, ne seroit tenté de lui disputer la palme du talent. Koehler seul s'est montré digne de la partager, dans un chef-d'œuvre où il ne restera certainement pas sans récompense, et je m'en rapporterois volontiers, sur ce point, à Padeloup, à Derome, à Thouvenin, à Bauzonnet lui-même, car les hommes supérieurs ne connoissent point l'envie.

Koehler a voulu atteindre, dans son magnifique volume des *Quatuor evangelia*, à la riche perfection des reliûres anonymes du trésorier Grollier, que les bibliophiles couvrent d'or depuis cinquante ans dans les *auctions* de Londres, où il faut aller chercher aujourd'hui la plupart de ces opulentes merveilles. Il y a réussi, et je dirois davantage, si je n'étois retenu par mon respect religieux pour l'antiquité. Jamais le bon goût de la décoration, l'élégance et la pureté du dessin, le fini et la précision des dorures, n'ont été poussés plus loin, et je serois fort surpris qu'il existât, dans les meilleures bibliothèques de l'Europe, vingt œuvres d'art capables de contester la prééminence à celle-ci, qui, au moment où j'écris, enrichit probablement déjà le cabinet d'un monarque ou celui d'un agent-de-change. *Cuique suum.* On ne m'a pas dit si ce prodige de l'industrie françoise avoit été *exposé*; mais cela n'est pas présumable, puisque les journaux n'en parlent point. Je connois le désintéressement des journaux, leur admirable esprit national, leur zèle consciencieux pour le progrès, et je suppose qu'ils parlent de tout ce qui

Chez TECHENER, libraire, place

DE

QUELQUES LIVRES SATYRIQUES

ET DE LEUR CLEF,

PAR M. CH. NODIER.

PARIS,
TECHENER, LIBRAIRE, PLACE DU LOUVRE, N° 12.

Octobre 1834.

DE
QUELQUES LIVRES SATYRIQUES
ET DE LEUR CLEF.

Des bibliographes très spirituels et très instruits nous promettent depuis plusieurs années de soulever le voile sous lequel certains auteurs satyriques ont eu intérêt à cacher leurs personnages. C'est le sujet d'un livre extrêmement piquant dont la place est retenue d'avance dans toutes les bibliothèques curieuses, et que les savants du dix-septième siècle n'auroient pas manqué d'intituler à leur manière : *Manipulus clavium* ou *trousseau de clefs*. Nos érudits, qui sont beaucoup plus positifs, et qui ont rarement recours au charlatanisme des titres métaphoriques, n'en seront pas moins les bien-venus quand ils nous donneront l'ouvrage que celui-ci promet, car il peut être aussi instructif qu'amusant, et son absence est une des lacunes les plus sensibles qui se fassent remarquer dans la science essentiellement progressive de la bibliographie. Ce n'est pas que les *clefs* des auteurs satyriques ne soient un peu partout, mais on ne les trouve réunies nulle part.

La publication du livre dont il est question ici me paroît si sûre et si prochaine que je me serois dispensé d'en parler, si je ne croyois qu'il doit entrer dans la composition même de ce recueil un certain esprit de critique et une certaine méthode de raisonnement dont je voudrois que mes auteurs fussent bien pénétrés d'avance, pour ne pas tomber malgré eux dans le paradoxe et dans le mensonge, par un amour excessif de la nouveauté. Ce n'est pas du nouveau qu'il faut chercher dans l'histoire des faits, c'est du naturel et du vrai;

car il n'y a que cela, en dernière analyse, qui mérite de vivre dans les élucubrations du savoir. Il n'est pas bien difficile de trouver un nouvel aspect aux choses que l'on observe; il suffit, pour y réussir, de les considérer sous un aspect qui a été dédaigné de tout le monde, et qui méritait de l'être, parce qu'il n'offrait que de faux semblants et des apparences trompeuses. Voilà ce que les esprits superficiels prennent trop souvent pour des découvertes. Les vieux peuples ne sont pas appelés à être *découvreurs*, comme une folle présomption le leur persuade. Ce qu'ils croient inventer, c'est presque toujours ce que des peuples antérieurs ont rebuté par sagesse ou abandonné par dégoût. Leur mérite propre à eux, ce serait d'être graves et sensés, s'ils avaient su profiter de leur expérience et de leur âge.

Cet accessoire est grand, mon sujet est petit :

je ferai mieux d'y retourner.

Il ne faut pas conclure de ces préliminaires que je rejetterois impitoyablement les interprétations sophistiques et capricieuses qu'on a données du projet de quelques auteurs et du mystère de leurs compositions. Il faut admettre toutes les opinions pour être complet; il faut les exprimer toutes pour être exact, mais il y a une mesure nécessaire à tenir dans le crédit qu'on leur accorde, et c'est cette mesure que je recommande à notre bibliographe, comme le seul moyen de rendre son travail aussi utile qu'intéressant. S'il se jetoit dans le vague des hypothèses, sans y porter les lumières d'une discussion libre de tout préjugé, il vaudroit mieux qu'il n'eût pas écrit. Assez de conjectures systématiques, assez d'erreurs comme cela.

Ainsi on ne doit pas nous faire grâce de cette vieille prévention classique des philologues, qui ont unanimement reconnu Néron dans le Trimalcion et dans l'Agamemnon du fameux *Satyricon* de Pétrone; mais on fera justice de cette méprise ridicule qui n'a pas trompé le goût exquis de Voltaire, si peu versé d'ailleurs dans les bonnes études critiques. Il est très possible que Pétrone ait écrit beaucoup de choses qui ne nous sont point parvenues, car il avoit la manie d'écrire comme il en avoit le talent, et son *Satyricon* même est riche de ces pièces de rapport, extraites, sans égard à la connexion des matières et à l'unité du plan, du portefeuille d'un jeune auteur à l'esprit divers et fécond, qui n'est pas encore fixé sur sa direction et sur sa portée. J'admettrai donc volontiers que Pétrone a réellement composé quelque satyre sanglante de la cour de Néron, dont il étoit plus à portée que personne de connoître et de révéler les turpitudes, et que ce fut là le véritable motif qui le fit comprendre dans la proscription de Pison, pendant qu'il s'enivroit de molles délices dans sa campagne de Cumes; mais cette satyre étoit certainement autre chose que le *Satyricon* qui est le roman lubrique d'un bel esprit dépravé, et qui n'est point une satyre. Le faux *Satyricon* nous est resté, parce qu'il n'offensoit que les mœurs; Le vrai *Satyricon* s'est perdu, parce qu'il offensoit Néron, et il n'y a rien de plus naturel. Quel Romain auroit osé conserver chez lui la copie d'une satyre contre Néron, pendant les deux années que Néron survécut à Pétrone, et qui empêchoit Néron d'anéantir jusqu'à la mémoire d'un écrit insultant, s'il s'en est soucié? A-t-on oublié l'incendie de Rome? Ce qu'il y avoit de difficile avant l'invention de l'imprimerie, ce n'étoit pas de faire disparoître un libelle; c'étoit de préserver de l'oubli des siècles une œuvre de conscience et de génie. Les précautions excessives de l'empereur Tacite n'ont sauvé de la destruction qu'une foible partie des écrits de Tacite l'historien.

Une erreur considérable de Voltaire, c'est d'avoir porté son heureuse induction trop loin, en attribuant le roman de Pétrone à quelque libertin obscur des siècles postérieurs. Le roman de Pétrone n'a rien qui sente le libertin obscur ni la basse latinité : c'est la débauche d'un homme de cour extrêmement corrompu qui peint les mœurs du temps de Néron dans le meilleur style dont les contemporains de Néron aient pu se servir. Il n'y a qu'un homme d'un très grand monde et d'un esprit très cultivé qui soit capable d'allier au même degré les plus rares élégances de la parole aux plus infâmes halinclinations du libertinage, *purissimus in impuritate*, comme disent les doctes. L'étrangeté nouvelle de quelques formes de diction ne prouve rien pour l'opinion de Voltaire. Ces formes changent vite quand il s'est manifesté dans les mœurs un changement immense et soudain. Le style de Crébillon fils est plus éloigné de celui des *Oraisons funèbres*, le style de Beaumarchais plus éloigné du style de Buffon que celui du *Satyricon* de celui des *Catilinaires*, bien que chez nous le mouvement ait été moins sensible et l'intervalle moins long. Le *Satyricon* est donc en effet de Pétrone, mais il n'est point dirigé contre Néron, dont, au contraire, il a probablement égayé les orgies. Voilà ce qu'il convient de dire mieux que je ne l'ai fait, et de développer avec plus d'étendue et de puissance.

La même question se renouvelle à l'égard de Rabelais, dont on a trop long-temps étouffé l'ingénieux badinage sous d'absurdes et insipides commentaires historiques. Il faut avoir bien mal lu et bien mal jugé le grand satyrique du genre humain, pour le réduire de gaité de cœur aux proportions ignobles d'un méchant libelliste. Rabelais voyoit de trop haut dans les choses de la vie pour broder sa fable rieuse sur les intrigues mesquines de la cour. Il a fait une satyre, sans doute, mais c'est la satyre du monde, et non pas celle d'un palais. Les critiques à vues étroites qui ne connoissent des choses que leur figure matérielle et leurs traits saillants, se livrent d'abandon à ce système d'interprétation, parce qu'ils ne conçoivent pas qu'un esprit supérieur ait jeté ses regards plus loin qu'eux, et jusques dans une région d'idées où ils ne pénétreront jamais. Il résulte de là qu'en croyant nous donner la mesure de l'auteur qu'ils expliquent, ils ne nous donnent effectivement que la leur, dont la postérité se passera sans peine. Que nous importe ce qu'un Le Motteux a cru voir dans Rabelais, si Molière, Lafontaine, Sterne et Beaumarchais n'y ont pas pris garde? La glose de pareilles gens n'est bonne qu'aux lecteurs pour qui le texte n'est pas fait.

Je n'ai pas l'intention de contester que Rabelais ne soit souvent exercé sur la satyre immédiate, sur le personnage contemporain, sur l'anecdote du jour. Tout cela étoit de bonne prise pour un génie moqueur qui ne vouloit rien épargner, et qui ne craignoit pas de faire crier sous sa tenaille mordante un vice ou un ridicule vivant ; ce sont ces nombreuses allusions aux faits et aux personnes qu'il est important de saisir quand elles se présentent, et elles sont en général assez sensibles pour ne pas coûter un grand effort d'érudition. Si le livre de l'*Isle sonnante* est de Rabelais comme les autres, et je n'en doute pas, on conviendra qu'il y a logé l'allégorie dans un palais assez diaphane, selon le précepte de Lemierre. Sa verve hardie qui bravoit jusqu'aux croyances les plus solennelles ne se seroit pas gratuitement embarrassée dans tant de mystères inextricables pour exprimer je ne sais quelles idées qu'on lui prête, et qui étoient dès-lors fort communes. Quand il prend la forme de l'énigme, c'est ordinairement pour la débrouiller lui-même, comme il le fait de celle qui fut découverte dans les fondements de l'abbaye de Thélème, et c'est une véritable dérision que de chercher le mot introuvable de l'énigme des *fanfreluches*, amphigouri dont la mode commençoit à s'établir de son temps, et qui n'a point de sens réel parce qu'il n'a pas plu à l'auteur de lui en donner un. Ce qu'il y a de vraiment original dans la controverse chicanière des deux plaideurs de Pantagruel, et dans le jugement qui la résout, c'est le non-sens absolu de la demande, de la défense et de l'arrêt, parce qu'il est impossible de caractériser avec plus de finesse et de goût le néant de la plupart des contestations et des formes judiciaires. Mettez le commentaire historique à la place, et vous ôtez tout à la fois à Rabelais sa raison et son esprit. Cela est barbare.

Lorsqu'on a su lire Rabelais, on sait à merveille qu'il a voulu se moquer de tout, et des choses mêmes dont ses commentateurs veulent qu'il se soit exclusivement moqué ; mais il ne s'est moqué de personne plus à découvert que de ses commentateurs à venir, soi *abstracteurs de quintessence* dont il se joue incessamment et en termes fort explicites. Donnez-nous donc, puisqu'il le faut, toutes ces *clefs* qui n'ouvrent rien ; égarez-nous à plaisir dans ce chaos de folies et niaises rêveries où la lumière ne sera jamais faite ; mais n'oubliez pas de nous dire en commençant que ce n'est pas ce fil hasardeux du labyrinthe qui nous en fera sortir. Il n'est bon qu'à nous y perdre. Pour lire avec fruit Rabelais, pour en abstraire la véritable quintessence, il faut un certain fonds de scepticisme et une certaine portée d'esprit. Voilà, selon moi, la seule *clef* de son livre.

Ajoutez surtout, et il en est temps pour l'honneur des commentateurs et des philologues, que ces prétendues interprétations, suffisamment éclaircies aujourd'hui par les nouvelles recherches bibliographiques, reposent presque toutes sur des anachronismes grossiers. Il paroît maintenant incontestable que le *Gargantua* fut composé dès 1528, époque où la duchesse d'Estampes n'avoit que vingt ans, et le crédit de Diane de Poitiers ne commença que vers 1547, c'est-à-dire longtemps après la publication des trois premiers livres où l'on veut qu'elle soit désignée. Rabelais étoit certainement bien capable de prévoir les événements rationnels de l'avenir, et il l'a prouvé dans la *Prognostication pantagrueline*; mais son génie de Python n'alloit pas jusqu'à la perception de l'inconnu. Rendez donc ces fantaisies chimériques aux songecreux qui les ont converties en systèmes, et pour parler comme Rabelais lui-même, *ne calefretez plus des allégories qui ne furent oncques songées*. A cela près de ces allusions dont j'ai parlé, et qui se révèlent d'elles-mêmes à un éditeur judicieux, Rabelais ne demande qu'un commentaire lexique et littéraire, suivi de bons *index de locutions* comme M. de l'Aulnaye les a faits, et surtout d'un ample *index de mots*, comme M. de l'Aulnaye auroit pu le faire. Ce sera là un vrai *thesaurus verborum*, car toute la langue françoise du temps de Rabelais y entrera, et, ce qui n'est pas à dédaigner, toute la langue de Rabelais par-dessus le marché.

Le plus malheureux des auteurs auxquels on a donné la clef satyrique, c'est à coup sûr le tendre Fénélon qui n'avoit pas cru nourrir dans son cœur une si implacable malice. Fénélon avoit sans doute assez de courage, car l'amour de l'humanité en donne beaucoup, pour parler hardiment aux rois des devoirs qu'ils ont à remplir et des fautes où ils peuvent tomber. Tel est même le but essentiel du *Télémaque*, telle est la vue générale dans laquelle il est composé, et il n'est pas besoin de clef pour pénétrer ce mystère; mais chercher dans le *Télémaque* une satyre assidue et obstinée de la cour de Louis XIV, comme on l'a fait dans ces fameuses *remarques critiques* des éditions d'Angleterre et de Hollande, que le savant M. Brunet attribue à Henri-Philippe de Limiers, et que j'attribue à Jean Armand Dubourdieu (ce qui reste d'ailleurs fort étranger à la question), c'est quelque chose de plus que la conjecture hasardée d'un barbouilleur famélique, c'est une insigne profanation qui ne mérite point de pitié. Jamais l'insolente scribomanie des réfugiés n'était allée si loin, et il ne faut conserver le souvenir de cette atteinte sacrilége à un des plus beaux caractères de notre littérature que pour la flétrir d'une manière ineffaçable. Si l'on observe que Louis XIV avoit soixante-un ans quand le roman poétique de Fénélon parut, on jugera facilement de l'étrange à-propos d'un livre tout spécial qui auroit eu pour objet de détourner ce vieux Télémaque de l'amour d'Eucharis et des séductions de Calypso. Presque toutes les autres allusions sont de la même convenance et du mêmegoût. Les commentaires du *Gargantua*, n'offrent qu'un tissu d'absurdités sans conséquence et sans danger. Le commentaire du *Télémaque* est une calomnie.

Les *Caractères* de La Bruyère ouvroient une carrière sans bornes aux conjectures les plus arbitraires. Comme le projet de l'écrivain étoit de peindre les mœurs de son temps, il avoit pris çà et là les traits épars dont il composoit ses portraits, pour leur donner tout ce qu'ils exigeoient de saillie et de relief; et c'est ainsi qu'il devoit procéder, car il n'y a rien de plus rare que le type absolu et complet d'un caractère. Cependant comme l'anecdote étoit souvent personnelle, quoique le portrait ne le fût presque jamais, les fabricateurs de clefs satyriques trouvèrent sans peine à s'exercer sur un livre qui prêtoit de tant de côtés aux allusions malicieuses, et la piquante personnalité de ces interprétations contribua beaucoup à son succès. Il est cependant permis de penser, et c'est ma ferme opinion, que La Bruyère n'a pas connu le quart des personnages qu'on fait poser devant lui, et qu'il n'a pu avoir par conséquent l'intention de les désigner. Le petit nombre de ces signalemens manifestes qu'un commentaire judicieux est obligé de faire connoître, se réduit à certains caractères bizarres, excentriques et véritablement originaux, comme ceux de Ménalque et de Théodas, dont on ne sauroit contester la ressemblance, malgré la charge un peu bouffonne qui l'exagère à dessein. Le reste est de pure convention, et il faut espérer qu'on nous épargnera désormais cet insipide fatras, dans une bonne édition classique du Théophraste françois.

Après des noms tels que ceux là, je voudrois n'être pas obligé à citer celui d'un M. Choderlos de Laclos, Pétrone d'une époque moins littéraire et plus dépravée que l'époque où vécut Pétrone; mais puisque les *Liaisons dangereuses* passent encore pour un ouvrage remarquable dans quelques mauvais esprits, il faut bien en dire quelque chose, et je ne sais jusqu'à quel point j'en ai le droit, car il m'a été impossible de les lire jusqu'à la fin. Peinture de mœurs, si l'on veut, mais de mœurs tellement exceptionnelles qu'on auroit pu se dispenser de les peindre, sans laisser une lacune sensible dans l'histoire honteuse de nos travers; œuvre de style, si l'on veut, mais d'un style si affecté, si maniéré, si faux qu'il révèle tout au plus dans son auteur ce qu'il falloit de vide dans le cœur et d'aptitude au jargon pour en faire le Lycophron des ruelles, voilà les *Liaisons dangereuses*, dont un exemplaire en papier vélin, avec figures avant la lettre, se vend encore plus cher aujourd'hui que toute la *Collection des moralistes*. Il n'en seroit pas question dans ces pages fort écourtées qui ne sont peut-être que trop longues, si le livre des *Liaisons dangereuses* n'avoit aussi sa clef, ou plutôt s'il n'en avoit dix. Je ne crois pas avoir traversé une ville principale de nos provinces, où l'on ne montrât du doigt dans ma jeunesse un des héros impurs et pervers de ce *satyricon* de garnison, dont l'ennui, plus puissant que la décence et le goût, devroit dès long-temps avoir fait justice. On laissera sans doute au rebut ces clefs diffamatoires d'un ouvrage qui diffâme la nature humaine, et qui ne mérite pas plus de commentaires que les hideuses spinthries d'un émule effronté de M. de Laclos, M. de Sade, qui emporte sur lui le prix dégoûtant du cynisme, et non celui de la corruption. Il faut croire pour l'honneur de notre civilisation que les modèles de ces gens-là n'existoient qu'en eux-mêmes.

Je n'ai parlé jusqu'ici que de quelques livres très connus auxquels il faut bien se garder de donner une clef positive, parce qu'ils n'en ont certainement point. Si cette discussion qui amuse mon esprit, trop fidèle à des réminiscences d'études aujourd'hui fort peu goûtées, ne produit pas un effet tout opposé sur celui du lecteur, je reviendrai peut-être une fois encore au même sujet, pour désigner d'autres écrits qui réclament une clef indispensable, et plus ou moins difficile à découvrir ; mais ce n'est pas à moi à décider si ces recherches valent la peine d'être faites et d'être recueillies. Le principal avantage que je trouve à m'occuper du passé, c'est d'oublier le présent, et tout le monde n'a pas les mêmes raisons pour être de mon avis.

Paris, Imprimerie de BRUN, rue du Mail, n° 5.

DE

QUELQUES LIVRES SATYRIQUES

ET DE LEUR CLEF,

PAR M. CH. NODIER.

2me PARTIE.

PARIS,
TECHENER, LIBRAIRE, PLACE DU LOUVRE, N° 12.

Octobre 1834.

DE
QUELQUES LIVRES SATYRIQUES
ET DE LEUR CLEF.

S'il est absurde de chercher aux caprices de l'imagination une explication impossible, c'est le propre d'un esprit fin et judicieux d'éclaircir le mystère avoué qu'un auteur laisse à dessein planer sur ses ouvrages, pour exercer la perspicacité de ses lecteurs ou pour déjouer celle de ses ennemis. Il y a des allusions curieuses à découvrir dans Molière et dans Swift comme dans Rabelais, et nous aurions une grande obligation aux anciens de nous avoir communiqué ce qu'ils savoient à cet égard sur Martial, Juvénal et Perse, dont l'intelligence nous paroîtroit bien plus aisée, si nous connoissions mieux les événemens et les personnages de leur temps. Je persiste donc à croire qu'un bon recueil de *clefs* seroit en ce sens aussi important pour l'histoire littéraire qu'amusant pour les bibliophiles.

Ce travail n'offre pas autant de difficultés qu'on se le persuaderoit au premier abord. Il faut beaucoup d'imagination et presque du génie pour se tromper sur les véritables intentions d'un auteur, et pour lui créer hors de l'ensemble et de l'ordre de ses idées, un plan fantastique dont il ne s'est jamais douté lui-même. Pour comprendre le projet qu'il s'é-toit proposé, pour saisir les allusions qu'il a voulu faire, il ne faut qu'un peu d'étude et de patience ; et si nous n'avons guères de bonnes élucidations sur les auteurs à compositions symboliques, c'est que le premier de ces deux rôles est plus tentant pour la vanité que le second. Les commentateurs d'un livre où l'esprit domine, se piquent moins d'y démêler un sens exact et clair que de faire preuve d'esprit à leur tour. De quoi les commentateurs vont-ils s'aviser!

Le premier ouvrage, soit par l'ordre du talent, soit par celui de la date, auquel il me paroisse nécessaire d'attacher un bon commentaire explicatif, c'est le *Cymbalum mundi* de Desperriers. On sait avec quel excès la vindicte de l'Eglise et celle de la justice se déchaînèrent contre cette production bizarre et hardie, dans laquelle le vulgaire ne voit cependant encore qu'une imitation assez ingénieuse de Lucien. Voltaire, qui a été vulgaire en ce point, n'en porte pas même un jugement aussi avantageux, et le mépris avec lequel il en parle me démontre jusqu'à la dernière évidence qu'il ne l'avoit jamais lue, car personne n'auroit été plus capable d'en goûter le sel et la finesse. Le *Cymbalum mundi* est un petit chef-d'œuvre d'esprit et de raillerie, un modèle presque inimitable de style dans le genre familier et badin, et un des précieux monuments de notre charmante littérature du XVIe siècle; c'est aussi un monument de libertinage et d'impiété, comme en jugèrent fort sainement les prétendus ignorants qui le livrèrent aux flammes. Aujourd'hui que la grande erreur philosophique qui y est déguisée avec un art exquis sous de malicieux emblêmes, a été mille fois exposée à nud aux regards de la multitude, il n'y a plus aucun inconvénient à soulever le voile délicat qui la couvre; et cette besogne est bien plus aisée qu'on ne l'imagineroit aux impuissants efforts qu'elle a coûtés jusqu'ici. Prosper Marchand, bibliographe habile, mais littérateur pesant et investigateur maladroit, a pourtant touché à cette découverte, et il l'auroit heureusement mise à fin, s'il avoit eu le bon esprit de suivre son induction. Je ne parle ici ni de la dérision tout-à-fait Lucianique du premier dialogue qui se manifeste d'ellemême, ni de l'allégorie transparente des autres, qui se dispense à merveille d'être expliquée, mais du simple masque des personnages qui révèle toute la pensée de l'auteur, et qui n'est pas plus fin à deviner qu'un anagramme, ou tout au plus qu'une paronymie d'étymologie et de consonnances. C'est un véritable jeu d'enfants, mais les philologues doivent savoir gré à M. Eloi Johanneau d'en avoir surpris l'innocent secret.

L'anagramme est un des moyens de déguisement les plus faciles et les plus vulgaires dont se soient servis les satyriques, et il faut avouer qu'il n'y en a point de plus candide et de plus naïf, puisque les éléments du mot s'y présentent d'eux-mêmes à qui daigne les chercher. Il est plus essentiel de définir la paronymie dont les lexicographes ont omis le nom, qui est cependant une figure commune, même dans les classiques, et qui résulte, comme je l'ai dit, d'un jeu très sensible de radicaux, de désinence ou d'orthographe dans la construction. Un exemple valant cent fois mieux en pareil cas qu'une définition, il me suffira de rappeler pour faire connoître ce trope injurieux, mais insolemment sincère, le *Kautin* des premières éditions de Boileau, et le *Tricotin* des premières représentations de Molière, dans lesquels il est impossible de ne pas lire le nom de Cotin, qui y est ouvertement exprimé. C'est ainsi que Scaliger a désigné par le pédant *Scorpius* son fougueux ennemi *Scioppius*, et que Dalibray a diffamé *Montmaur* sous le nom de *Gomor*. On trouvera cent de ces métonymies pour une en feuilletant les livres. Toutes ces gentillesses littéraires se rapportent à la figure de mots qu'on appelle le paronyme.

Le dernier terme de cette gradation, c'est la traduction ou métaphrase, dont je ne donnerai qu'un échantillon fort populaire, puisqu'il est tiré du plus populaire de nos écrivains, Voltaire, qui a eu des maîtres dans beaucoup de genres, mais qui n'a point eu d'égal dans l'invective. Il avait voué au ridicule de la scène, si offensant, si cruel, si antipathique à nos mœurs, le plus sévère et le plus judicieux de ses critiques, sous le nom de *Fréjon*. C'est un paronyme. Averti par les scrupules trop tolérants encore de l'autorité, il l'y traduisit sous le nom anglais de *Wasp*. C'est une métaphrase. La personnalité subsistoit, mais elle s'étoit déplacée de deux degrés dans l'échelle des mots. Le *Begearss* de Beaumarchais n'est qu'un anagramme. On ne conçoit pas que la licence du théâtre ait pu autoriser une pareille impudence chez un peuple qui commençoit à peine à se flatter d'être libre.

L'anagramme louangeur (1), si fastidieusement prodigué au dix-septième siècle par de méchants poètes à dédicaces vénales, passera toujours pour un sot artifice d'esprit, digne de tenir sa place auprès du rébus et du calembour, et il n'est personne qui n'en ait porté le jugement de Colletet, dans la meilleure de ses épigrammes:

> Cet exercice monacal
> Ne trouve son point vertical
> Que dans une tête blessée,
> Et sur Parnasse nous tenons
> Que tous ces renverseurs de noms
> Ont la cervelle renversée.

Il faut rendre justice à l'anagramme satyrique. Celui-là ne manque pas de courage, et il est trop ingénu pour se réfugier sous les auspices de la question intentionnelle contre les arguties du système interprétatif. Le boulanger de Chalussay auroit été fort mal venu à déclarer que, sous le nom d'Elomire, il entendoit parler d'un autre que de Molière; et ce genre de personnalité s'est pris souvent, comme on sait, à des puissances sociales dont il étoit plus dangereux de défier la colère.

Au temps où nous vivons, on seroit presque tenté de rendre grâce aux libellistes qui ont conservé assez de pudeur pour respecter le nom propre. Ils ont du moins senti que le nom de l'homme est sacré, parce que son inviolabilité est un privilége de famille. La combinaison artificielle qui le remplace n'exprime plus qu'un outrage individuel, n'imprime plus qu'un affront isolé dont personne n'est solidaire, et qui n'a rien d'explicite pour toute la partie du public étrangère à la querelle. Hâtons-nous d'ajouter, pour en finir sur ce qui concerne l'anagramme et le paronyme, que, de tous les genres de satyre personnelle, la satyre qui a recours à ces deux moyens translucides de déguisement, est de beaucoup

(1) Il me sera peut-être permis de remarquer ici qu'*anagramme* n'a jamais été féminin que dans les dictionnaires. Il est masculin selon l'étymologie et le bon usage.

la plus répandue, et que c'est celle aussi dont la clef se présente le plus naturellement aux esprits oisifs ou désoccupés qui ont le bonheur d'attacher quelque importance à ces curiosités frivoles.

Il n'y a donc rien de plus facile que de débrouiller le mystère des anagrammes, quand ils portent sur des noms connus comme ceux des *Aventures de Pomponius*, des amours de *Zéonizikul roi des Kofirans*, et de tant de libelles du même genre; ou qu'ils ne font que déguiser un auteur à demi-modeste qui fait semblant de se dérober à sa renommée, et se cache en affectant de se laisser voir, comme la nymphe du poëte. Cette clef est le complément nécessaire du recueil où seront expliqués les livres qui en demandent une, et il ne faut qu'une légère connoissance de l'histoire littéraire pour la trouver. Personne ne méconnoîtra plus Rabelais sous le nom d'*Alcofribas Nasier*, Nicolas Denisot sous celui du comte d'*Alsinois*, Amelot de la Houssaye, d'Orléans, dans son commentaire profond mais lourdement écrit sur Tacite, dans le sieur de la *Mothes Josseval, d'Aronsel*, et vingt autres que je ne cite point, parce que l'anagramme complaisant les nommera de lui-même. Il ne se présentera d'obstacle réel et peut être insurmontable à la traduction, qu'autant que le nom travesti ne cacheroit qu'un nom que tout le monde ignore, et dont la tradition s'est entièrement effacée de la mémoire des hommes. C'est une question de savoir en ce cas s'il vaut la peine qu'on s'en informe, et je l'abandonne aux bibliographes. Je me souviens d'avoir perdu trois mois de ma vie, et j'en ai vraiment perdu bien d'autres que je regrette davantage, à la recherche des noms vrais que l'anagramme enveloppe dans les *Mémoires de Prodez*, sieur de *Bera-gram*. Celui-ci étoit certainement un seigneur d'Aremberg, qui eut la singulière manie d'anagrammatiser sans raison, jusqu'au nom des villes désignées dans le fastidieux récit d'insignifiantes aventures qu'il a cru devoir transmettre à la postérité sous recommandation des presses de Daniel Elzevir. Le livre entier ne mérite certainement pas trois minutes d'attention. Il ne faut pas lui en donner davantage.

En général, l'importance de ces recherches est proportionnée à la valeur de l'ouvrage sur lequel on les fait. Il est assez indifférent de pénétrer plus ou moins avant dans le dédale d'une énigme qui n'aboutit à rien, et dont la solution est un nom propre qui n'éveille pas même un souvenir historique. Il en est autrement quand une multitude d'idées philosophiques et morales peuvent se rattacher à son interprétation, et ce n'est pas une chose indifférente pour l'histoire littéraire du dix-huitième siècle que de retrouver dans l'odieux *Yebor* de *Zadig*, le pieux et charitable Boyer, évêque de Mirepoix. Les commentateurs doivent d'ailleurs quelques égards aux lecteurs étourdis dont l'érudition superficielle se laisse tromper par un anagramme, et donne naïvement dans un piége tendu à l'ignorance et à la simplicité, comme ce bon M. Ancillon, qui prit au pied de la lettre la fantastique *Relation de Bornéo*, par Fontenelle, et ne vit dans *Mero* et dans *E'negu* que deux princesses barbares, au lieu de lire *Rome* et *Genève*, selon l'intention de l'auteur. Ce qu'il y a de plus piquant dans cette bévue, c'est qu'Ancillon étoit lui même un homme à anagrammes, et qu'il ne pouvoit en ignorer le puéril artifice, puisqu'il avoit pris le nom d'*Ofllncan*, qui est l'anagramme du sien, à la tête de l'ouvrage du reste assez curieux où il a commis cette burlesque méprise (1).

Après l'anagramme et le paronyme, il n'y a point de moyen plus commun d'éviter le nom propre en le faisant deviner, que l'allégorie ou l'emblême. C'est encore un secret fort légèrement scellé dont l'intelligence est livrée à quiconque a la moindre connoissance des insignes des nations, du blason des familles et du caractère historique des personnages remarquables. Parmi les exemples nombreux de ce genre de pseudologie qui se trouvent partout, et jusque dans le fameux roman du *Renard*, je me contenterai de citer les *Entretiens des animaux parlants*, et la *Forêt de Dodone*, de Jacques Howell. Le mystère en est si naïf, que la clef de ces ouvrages a été presque toujours imprimée simultanément avec le livre.

Quand la satyre a cessé d'être nominale pour devenir pu-

(1) *Traité des Eunuques*, 1707, in-12.

rement anecdotique, il est beaucoup plus mal-aisé d'y démêler l'allusion secrète qui en fait presque tout le sel, et cette étude exige alors une connoissance approfondie des faits et du monde, qui est rarement à la portée du bibliographe critique, surtout quand il arrive à une époque déjà un peu éloignée de celle où a paru le livre qui renferme ces mystères. Il doit demander alors aux traditions, s'il en existe encore, aux écrits contemporains de l'ouvrage qu'il explore, si les traditions ont failli, les renseignements dont il a besoin pour se diriger dans des ténèbres qui s'épaississent tous les jours; et en tout cas, il ne sauroit s'y prendre trop tôt. C'est ainsi qu'a procédé mon savant ami M. Barbier, recueillant çà et là quelques notes éparses dans les *stromates* des amateurs, ou sur la marge de leurs exemplaires, pour éclaircir, entre autres pamphlets de la même espèce, les *Soupers de Daphné* qu'on attribue à Querlon. Dans une catégorie assez large, et où notre malignité françoise aime à s'exercer, je m'en tiendrai pour exemple à cette satyre toute parfumée de fleurs attiques, parce qu'elle a du moins en sa faveur, à travers un peu de molle afféterie et de graces maniérées, l'avantage d'être bien écrite. J'aime d'ailleurs à dire un mot de Querlon, le seul des littérateurs du dix-huitième siècle pour lequel je puisse avouer sans orgueil quelque sympathie d'étude et de destinée. C'étoit un honnête homme, formé à de bonnes et utiles recherches qu'il savoit résumer dans un bon style, et que j'approuverois en tout point, si la manie des raretés philologiques n'avoit quelquefois entraîné cet esprit naïf à l'exploration de certains auteurs que la décence condamne. Lorsqu'il s'agit d'une langue morte, c'est un petit défaut dans lequel l'abbé de Rancé et le grand-aumônier Jacques Amyot étoient tombés avant lui. L'habitude de ce travail, si précieux pour les langues, le conduisait presque malgré lui à une imitation de Pétrone, où il ne manque que le nerf éloquent et le cynisme du modèle; les *Soupers de Daphné* sont un véritable *festin de Trimalcion*, accommodé à nos mœurs, et qui se ressent de l'urbanité de la bonne compagnie et de la politesse de la cour. Ces obscénités élégantes ne méritent pas plus d'indulgence que les autres, mais elles suvont beaucoup de prix un jour pour les linguistes. Les *Soupers de Daphné* sont un joli pastiche françois du *Satyricon*, et c'est comme cela qu'il faut les voir. J'échappe heureusement par ce côté à la comparaison que j'avois voulu établir, et que je ramenerai facilement en deux mots à sa véritable expression. Querlon étoit un homme de savoir, qui pouvoit s'élever sans efforts aux meilleures formes de la parole, qui vécut de ses articles aux *Petites Affiches*, et qui mourut pauvre!

Il n'y aura qu'une difficulté presque insurmontable à vaincre dans l'interprétation des *clefs*, et ce que nous avons dit de Rabelais nous l'a déjà fait pressentir, c'est le cas où un auteur capricieux s'est imposé l'énigme à lui-même, en s'égarant volontairement, à la merci de sa fantaisie, dans les espaces de l'imagination. Ce seroit une ridicule prétention que de chercher un plan à Sterne, où il ne faut chercher que des pensées et des formes. *Yorick* est Sterne sans doute, mais tout le reste se réduit aux hallucinations rêveuses d'*Yorick*.

L'auteur du fameux *Poliphile* a fort bien compris ce genre dont il étoit alors l'inventeur et le type, en donnant pour cadre à son livre un songe bizarre et divers comme ses conceptions. Que les novateurs religieux aient cherché dans le *Songe de Poliphile* des idées anticipées de réforme; que les alchimistes y aient vu le secret de la pierre philosophale, cela étoit tout naturel: le curé du fabuliste voit bien des clochers dans la lune! Le frère *Franciscus Columna* avoit d'autres pensées, et nous sommes loin d'avoir rendu justice à ce prodigieux génie. Le bon moine, arrivé dans un siècle qui apprenoit à connoître et commençoit à conserver, avoit osé être inventeur; il faisoit hardiment une langue encore à faire; il admiroit l'art antique, et le renouveloit cependant pour un monde qui alloit éclore; il n'ignoroit rien du passé, et pressentoit l'avenir. Pour être le Bacon du moyen âge, il ne lui manque que d'être technique et froid comme Bacon, mais il s'étoit enveloppé d'une vision érotique, poétique, artistique, architecturale, parce qu'il prévoyoit que les passions et les faits prévaudroient toujours sur les théories et les systèmes. J'avoue qu'il est resté fort ennuyeux et fort inintelligible pour ceux qui ne savent pas lire; mais quel inappréciable trésor que le *Songe de Poliphile* pour la langue et pour les arts, pour l'érudition du philologue et pour celle de l'antiquaire? Quel homme que *Frater Franciscus*, moyennant qu'on ne le lise pas dans ses impertinents traducteurs qui ne se sont pas avisés qu'il ne pouvoit être traduit ! Les Italiens eux-mêmes ne s'en occupent guères. Tiraboschi ne le veut pas.

Paris, Imprimerie de BRUN, rue du Mail, n° 4.

DE LA MAÇONNERIE

ET

DES BIBLIOTHÈQUES SPÉCIALES.

PREMIER ARTICLE.

Comme on pourroit chercher, sans le trouver de long-temps, le point de connexion des deux sujets hibrides que je me propose de considérer fort rapidement sous ce double titre, je le ferai connoître en deux mots. Mon habitude n'est pas de procéder par énigmes ; je n'ai pas le moindre avenir dans la politique et dans les sciences.

Il y avait à Paris naguères un honnête et respectable citoyen, nommé André-Joseph-Etienne Lerouge, qui étoit né à Commercy, le 25 avril 1766, et que nous avons eu la douleur de perdre le 26 avril 1833, âgé de soixante-sept ans et un jour. C'étoit un savant laborieux dont les gazettes ont peu parlé, parce qu'il n'appartenoit à aucune des coteries dans les mains desquelles la publicité de la presse est devenue un monopole si lucratif, et qu'il s'occupoit fort obscurément, dans ses loisirs sédentaires, de quelques utiles et consciencieux travaux qui ne mènent à rien. Sa mort nous laisse à regretter d'excellentes *Recherches sur les patois lorrains*, qu'il n'a pas eu le temps de finir, ouvrage plein de saine instruction ; et d'une importance démontrée pour l'histoire de notre langue, qui auroit tout au plus conduit son auteur à l'académie de Commercy.

Heureusement, ou malheureusement, les esprits judicieux finissent toujours par se consoler de leurs illusions perdues par quelques innocentes manies, qui ne sont pas plus vaines en dernier résultat que les autres illusions de la vie; et je ne suis pas éloigné de croire qu'en dernier résultat, c'est ce qu'elle aura de plus réel. Le bon M. Lerouge s'étoit fait bibliomane, et s'étoit laissé faire franc-maçon. Avec un peu d'aisance que d'autres études ont acquise, et un peu de ce loisir qu'on doit à l'aisance, il y a dans ces deux amusettes de quoi occuper fort agréablement soixante-sept ans et davantage. Je ne connois point d'idée positive, point de passion naturelle dont on en puisse dire autant. Bibliomane et franc-maçon, M. Lerouge s'étoit donc composé une bibliothèque spéciale de livres manuscrits et imprimés sur la franc-maçonnerie et les sociétés secrettes, dont la vente prochaine intéressera probablement beaucoup les amateurs. Sa double aptitude leur garantit qu'elle approche du complet.

Voilà le point de connexion promis, le trait d'union des deux thèmes que je me suis proposé dans ce chapitre.

Vous rencontrez bien des gens, même parmi les francs-maçons, qui ne comprennent pas l'attrait que la franc-maçonnerie peut avoir pour ses innombrables adeptes. Suivant les uns, il faut le chercher dans l'exercice fréquent de la charité; suivant d'autres dans son exercice ostensible, jouissance moins délicate, mais peut-être plus générale et plus sympathique à notre société présente. Quelques-uns enfin l'ont vu dans le mystère, qui mêle en effet un plaisir indéfinissable aux divertissemens les plus puérils. Tout cela pourroit y entrer pour quelque chose, mais je suis fort trompé, je l'avoue, si le secret de ses plus puissantes séductions n'est pas dans notre vanité. On y en trouveroit bien d'autres.

Les sociétés secrettes sont toutes assez exactement taillées sur le patron de la société universelle, même quand elles ont pour objet principal de l'amender et de la refaire. Là, ainsi que chez nous, hélas! on parle beaucoup de liberté, d'égalité, de fraternité, et nulle part la liberté n'est plus restreinte, l'inégalité plus sensible, la fraternité plus illusoire. Quiconque a usé comme moi de longues et oiseuses années dans la pratique des sociétés secrettes, doit être porté à croire comme moi, qu'il ne nous est pas donné de faire une autre société que la nôtre, puisque toute l'audace du génie d'innovation et de réforme qui les a fondées, n'aboutit qu'à copier, avec plus ou moins d'exagération, nos abus et nos ridicules. Les *sociétés forestières*, le *cousinage*, le *compagnonage*, si purs dans leurs formes primitives, et trop dégénérées depuis, avoient sagement évité cet inconvénient. La mobilité du grade, chose de mauvais exemple et de dangereuse conséquence dans la société pratique, pourvoit encore fort bien, dans quelques-unes de ces sociétés transitoires, aux envahissements de l'intrigue et de l'ambition. La maçonnerie originelle, aux grades de l'apprentif, du compagnon et du maître, étoit elle-même une fiction admirable, parce qu'elle renfermoit dans toute son étendue la figure d'une société bien faite, et je ne pense jamais à sa constitution et à ses emblêmes sans une sorte d'attendrissement. Au-delà est arrivée l'aristocratie qui rend toujours le despotisme nécessaire, et je vois avec douleur les sociétés secrettes périr, comme la société qui les contient, de l'instrument qu'elles ont forgé.

Je rends donc grâces aux sociétés secrettes, non pas comme foyer de doctrines et comme centre d'action, mais comme à un des meilleurs artifices dont l'esprit humain se soit avisé, pour solliciter par des cérémonies et des emblêmes les justes émulations sociales. Si on leur tient compte ensuite de tous les principes de bienveillance qui les animent, de toutes les vertus réglementaires qui leur sont imposées, de toutes les saintes origines qu'elles se reconnoissent, dont elles ne se passeront jamais, et qui suffiroient, elles seules, à reconstituer une civilisation complette, on se gardera bien de les attaquer *dans leur institution naïve*, où je ne m'en mêlerai point. Je ne dis pas la même chose de l'autre.

Savez-vous ce que peut devenir la modeste destination

du maçon ingénu, qui est allé chercher dans la loge de l'Égalité la simple jouissance des droits communs ? Savez-vous ce qu'elle deviendra, s'il est animé d'un certain esprit de progrès, et d'un penchant ambitieux pour les sottes distinctions du monde? Je tremble de vous dire qu'il y auroit de quoi satisfaire à l'insatiable vanité d'Alexandre, et de quoi l'étonner peut-être. Il ne sera pas content d'être ni *élu*, ni *parfait*, car les *élus* et les *parfaits* ne sont que des prolétaires dans les constitutions de l'orgueil, qui s'éloigneront de plus en plus tous les jours des règles de la nature et du bon sens. Ici commencent des séries de jouissances imaginaires qui s'irritent, qui s'attisent de grade en grade jusqu'à la conquête de tous les honneurs, de tous les rangs, de toutes les souverainetés. Cet homme honorable et doux, si ponctuel dans ses devoirs, si accommodant en affaires, dont vous auriez fait avec plaisir votre ami, malgré quelque différence de condition, ne vous y trompez pas, il foule aux pieds le cordon bleu des rois; il est las de ce cordon rouge des initiés qui étinceloit autrefois à l'Orient comme la reine des constellations ; il est las du Lion, de l'Aigle et du Pélican, las de n'être que *sublime* et *sacré*, las de n'arborer au-dessus de trente castes méprisées que les rayons de l'Étoile et les feux du Soleil. C'est en vain que l'Asie, le Tropique, et la Comète elle-même lui ont rendu hommage de foi et d'obéissance ; envain qu'il s'est assis en empereur souverain sur la plus haute cime du Liban, s'il ne réunit à sa couronne d'autocrate la thiare du grand pontife. Laissez-le marcher un jour encore, et demain il sera dieu, si plus ne passe.

Voilà la société humaine comme on l'entend au nom de la liberté et de l'égalité, quand on la fait à sa mode et pour sa satisfaction particulière, dans un cercle d'honnêtes gens raisonnables et choisis.

Et ne vous effrayez pas trop, je le répète, de l'auréole de gloire qui enveloppe, qui dévore pendant trois heures par jour le respectable citoyen dont je vous parle. Quand il aura déposé ses rubans de toutes les couleurs, et ses animaux fantastiques de toutes les espèces, avec le serpent d'airain et l'anneau de Salomon, dans une boîte de sapin, à côté de ses patentes de grand-maître du temple, de prince d'Antioche ou de roi d'Abyssinie ; quand il aura échangé ses diadèmes et ses mitres contre un simple bonnet de coton, vous pourrez vous adresser à lui sans trouble et sans défiance pour des négociations d'un ordre moins relevé ; car ce dignitaire solennel sur lequel s'assument tant de grandeurs sociales, vend au juste poids et aune à la bonne mesure, comme le plus humble de ses voisins. C'est un brave industriel qui postule, du milieu de ses éclatantes illustrations, les honneurs du conseil d'arrondissement et les gloires électorales de la banlieue ; votre drapier, votre épicier, ou votre apothicaire.

Il y auroit donc, dès à présent, une excellente histoire des sociétés secrettes à écrire, et cette histoire seroit doublement importante pour celle de l'humanité qui s'y résume presque tout entière ; car elle présenteroit sous l'un de ses points de vue l'image symbolique de tous les travaux que les bons esprits ont tentés pour l'amélioration de l'espèce, et, sous l'autre, celle de toutes les aberrations auxquelles l'orgueil a livré notre malheureuse nature, depuis la faute réelle ou emblématique d'Adam. Mais ce précieux ouvrage ne se trouvera pas dans la bibliothèque spéciale de M. Lerouge, parce qu'on n'a pas encore pensé à le faire. Elle contient d'ailleurs la collection presque complette des documens qui peuvent servir à sa composition. Quant au complet absolu, il faut y renoncer en toutes choses, et même en bibliothèques spéciales.

Soit que M. Lerouge ait embrassé le plan de son cabinet d'une manière trop étroite, soit que le temps ou les occasions de l'agrandir lui aient manqué, il me laisseroit beaucoup à désirer dans l'ensemble et dans les détails, si j'avois conçu le même projet, j'aurois cherché à l'encadrer dans une méthode plus vaste et plus philosophique ; et on ne trouvera pas mauvais que j'en dise un mot ici, pour l'hypothèse assez probable où cette collection seroit achetée en masse par une société ou par un individu, qui se proposeroit de la porter à son plus haut degré possible de perfectionnement.

J'aurois commencé par placer en tête les livres sacrés des nations, car il n'y a point de société secrète qui ne relève de la religion du pays ou de celle qui tend à s'y établir, et il est à remarquer, comme un des faits les plus graves de l'histoire intellectuelle de l'homme, qu'il n'est pas arrivé une seule fois qu'une société établie en mépris de ce principe soit parvenue à se maintenir. Sous cette catégorie viendroient se ranger les interprétations mystiques, les commentaires figurés, les chiffres de la cabale, et tout ce qui se rapporte, dans la scholastique et la critique religieuse, à la théorie des symboles, sur laquelle les sociétés secrettes sont généralement appuyées. L'histoire du christianisme proscrit, réduit à cacher son culte et ses progrès sous de ténébreux mystères, celles des esséniens, des thérapeutes, des gnostiques, du monachisme à formes occultes, y tiendroit nécessairement une grande place. Comment pourroit-on oublier dans une bonne bibliothèque spéciale des sociétés secrettes, la puissante congrégation de saint Ignace et la république heureusement plus pacifique des frères moraves? Le même intérêt d'analogie devroit y faire entrer les livres qui concernent certaines hérésies particulières, nourries et développées dans l'ombre des conciliabules, sous des mots de passe et des emblêmes que plusieurs grades conservent encore. Les hérésiarques ont changé de terrain, ils ont transporté devant la société temporelle le siége qu'ils avoient mis devant l'église; mais leurs systèmes subsistent, et se reproduisent de siècle en siècle. Notre secte nouvelle des saint-simoniens n'a peut-être pas une autre origine, car ils n'ont rien dit de nouveau, et cela par l'excellente raison qu'il n'y a rien de nouveau à dire sous le soleil.

L'histoire profane des anciens nous fourniroit leurs mystères, leurs initiations et même leurs hiéroglyphes;

l'histoire des sciences exactes et physiques, ses arcanes impénétrables et ses progrès imaginaires. Il y a loin des mythes d'Orphée et d'Adonis jusqu'au grand œuvre des alchymistes, jusqu'au baquet de Mesmer, mais ces tentatives excentriques de l'homme se rattachent toutes plus ou moins à l'histoire des sociétés secretes. La partie idéale et contemplative des arts y joueroit surtout un rôle important, aucune société secrette ne pouvant se passer de documens riches et variés sur son iconologie, qui est un des élémens les plus précieux de ces institutions de grands enfans, comme de l'éducation des petits. J'avoue que je suis encore à concevoir comment une association emblématique, fondée sur l'art de l'architecture, a pu négliger si long-temps d'inscrire au nombre de ses livres sacramentaux le fameux *Songe de Poliphile*, où il est si aisé de trouver toutes les figures matérielles de l'ordre et tous ses principes moraux, quand on saura le lire dans cette pensée d'investigation. C'est peut-être d'ailleurs le seul *songe* qui manque à la maçonnerie.

L'omission de M. Lerouge, et celle des bibliothèques maçonniques, sont encore plus sensibles en ce qui concerne la philosophie. Sans parler de Saint-Simon qui est un maçon matérialiste, et dont ses adeptes n'ont pu faire quelque chose qu'en le *posant* au grade posthume de *divinité*, comme un empereur mort, il ne seroit pas permis d'oublier Swedenborg et Saint-Martin, maçons spiritualistes qui ont *seuls* compris entre tous la possibilité d'élever les sociétés secretes à la solennité factice, mais imposante, des religions non-révélées. Les sociétés secrettes doivent bien davantage encore, parce qu'ici du moins la raison n'a presque point de sacrifices à faire, à la *Palingénésie* presque divine de Charles Bonnet, le plus grand comme le plus vertueux écrivain du dix-huitième siècle, Platon chrétien des âges modernes, auquel la ville de Genève ne peut guère refuser un bloc de pierre tumulaire à l'ombre de la statue de Rousseau : — Et que deviendra, je le demande, un plan de restauration sociale par la religion et par les mœurs, qui dédaignera de se placer sous les auspices ou sous l'invocation de la *Palingénésie* de Ballanche, livre immense et merveilleux où les plus hautes inspirations de la sagesse sont interprétées par les formes les plus magnifiques de la parole?

Ajouterai-je à cela qu'on chercheroit inutilement dans cette bibliothèque spéciale l'*Esprit des religions* de Bonneville, l'Isaïe de la maçonnerie, Lafontaine auroit dit son Baruch? Je n'y ai pas vu non plus le fameux roman de *Sethos*, par l'abbé Terrasson, belle et savante composition d'antiquaire initié, que les francs-maçons de ma jeunesse regardoient comme leur *Iliade*. L'histoire des innombrables sociétés secrètes dont la maçonnerie est le type, et qui en ont été quelquefois la parodie, y est aussi fort loin du complet. Il falloit n'en pas omettre une, depuis le *régiment de la calotte* jusqu'à la *cotterie des antifaçonniers*.

Les bibliothèques spéciales, trésor indispensable des études exclusives, méritent donc bien qu'on y pense, et c'est pour cela que je remercie M. Bages une seconde fois.

Ch. Nodier.

Paris, Imprimerie de BRUN, rue du Midi, n° 6.

DU LANGAGE FACTICE

APPELÉ

MACARONIQUE,

PAR M. CH. NODIER.

(N° 10. — BULLETIN DU BIBLIOPHILE.)

PARIS,
TECHENER, PLACE DU LOUVRE, 12.

1834.

DU LANGAGE FACTICE

APPELE

MACARONIQUE.

Si j'avois voulu faire entrer dans mes *Notions élémentaires de Linguistique* toutes les questions curieuses qui se rattachent à cette matière, au lieu de me renfermer dans un cadre étroit et spécial, où j'ai eu l'intention de n'admettre que des renseignements essentiels, il m'auroit été facile de les grossir de vingt chapitres d'un intérêt moins solide, mais peut-être plus général et plus piquant. J'aurois eu à traiter par exemple tout ce qui concerne les alphabets artificiels ou les chiffres, les alphabets figurés ou les *rébus*, la sténographie ou écriture abrégée, la cryptographie ou écriture secrète, et les moyens très ingénieux et très simples d'en pénétrer le mystère; les langues factices, enfin, dont les savants et les poètes ne se sont pas avisés moins habilement que les conspirateurs, les gueux et les filous, quand ils ont daigné en prendre la peine. Je m'arrêterai aujourd'hui un moment sur la langue macaronique, parce qu'il en est question assez souvent dans les livres d'histoire littéraire et de bibliographie, pour qu'on ne soit pas fâché de s'en former une idée claire, et c'est une de ces choses qu'on demanderoit inutilement aux lexicographes et aux grammairiens qui n'ont eu garde de s'en occuper, parce qu'ils n'y ont vu qu'un jargon de fantaisie sans règles et sans objet. On reconnoîtra toutefois que le système de sa composition n'est pas d'une médiocre importance pour expliquer la manière dont les langues secondaires se sont formées, puisqu'elle a procédé, selon moi, par une méthode fort analogue, ou pour mieux dire par la même méthode prise à l'inverse; de sorte que le *macaronisme*, s'il est permis de s'exprimer ainsi, n'est que la contre-épreuve de la langue usuelle. C'est ce que je me propose de démontrer.

J'ai dit ailleurs que tout peuple aborigène avoit eu sa langue aborigène, qui a fini, si elle n'est devenue dominante elle-même, par se fondre dans une langue dominante, comme ses institutions, ses mœurs, et jusqu'à son nom, se sont effacés dans une société nouvelle. Cette langue, *relativement primitive*, étoit ordinairement pauvre, et par conséquent imparfaite au jugement des linguistes, qui ne mesurent les progrès d'une langue qu'à l'abondance de ses superfétations, mais elle n'en étoit pas moins une langue au même titre que les nôtres, et elle s'étoit composée par des moyens absolument semblables, auxquels il a manqué seulement pour en faire une langue mère, une langue type et prototype, une langue savante, littéraire et classique, des circonstances favorables à leur application et à leur développement. Je suppose qu'on n'a pas oublié cette théorie, et que l'on comprend à merveille comment toutes les langues secondaires ont dû conserver dans leur métamorphose quelques éléments aborigènes, où sont empreints tout à la fois le sceau d'une création détruite et celui d'une palingénésie.

La langue françoise, la langue italienne, la langue espagnole, par exemple, sont du nombre de ces langues absorbées dans une langue dominante, qui n'ont gardé de leur première forme qu'une foible quantité d'éléments aborigènes, et dont la langue latine a renouvelé presque tous les vocables, mais en soumettant constamment les siens au mode de flexion et de désinences qui étoit propre à chaque pays. *Cité, Città, Ciudad*, sont également faits du latin *Civitas*, mais on voit qu'ils en diffèrent par leur contraction euphonique, par leur déclinaison articulaire, par leur désinence et par leurs flexions. Le moule du mot n'a pas changé, même quand il a reçu un mot nouveau, et on pourra en remarquer autant à l'origine de toutes les langues secondaires.

Ainsi que je l'ai avancé, la langue factice des écrivains macaroniques résulte d'une simple modification de cet artifice, qui ne consiste que dans le changement des agents; de manière que dans la macaronée, c'est la langue vulgaire qui fournit le radical, et la langue latine qui fournit les flexions, pour former une phrase latine avec des expressions qui ne le sont pas, au contraire des langues néo-latines usuelles, où c'est l'expression qui est latine dans une phrase qui ne l'est point. L'italien est donc du latin soumis à la syntaxe vulgaire ou aborigène, et la langue factice de Merlin Coccaïe, de l'italien latinisé. Dans l'une et dans l'autre de ces hypothèses, on arrive à deux langues presque *ménechmes* qui s'expliquent l'une par l'autre, à peu près comme on arrive à des quotients équivalents, dans cette opération d'arithmétique où l'on déplace à volonté les extrêmes et les moyens.

Si j'ai eu le bonheur de faire comprendre nettement cette différence délicate, on regrettera certainement qu'il ne nous soit presque point parvenu de macaronée antérieure au seizième siècle, les langues néo-latines étant déjà si avancées alors que le poète macaronique n'avoit guères à sa disposition dans la langue vulgaire que des vocables tirés du latin, et c'est ce qui donne à ses écrits la physionomie d'une composition de latinité barbare, infectée d'idiotismes. Il en auroit été tout autrement s'il avoit flori à une époque plus rapprochée des origines de la langue nouvelle, en pleine jouissance de toutes les traditions récentes de la langue aborigène, et maître de nous les conserver. Ses ingénieuses fantaisies seroient alors ce qui nous resteroit de plus précieux sur l'histoire des langues, et sur le point de départ de leurs mutations et de leurs progrès. Telles qu'elles sont, je les regarde comme un des objets les plus importants des études d'un linguiste, par la multitude d'archaïsmes curieux, de termes des vieux patois, et de locutions originales et caractéristiques dont elles contiennent exclusivement à toute autre espèce de livre, l'inestimable dépôt; et je ne saurois trop déplorer l'injuste dédain dans lequel elles ont été tenues par les savants philologues du seizième et du dix-septième siècle, si capables de les apprécier. Je ne vois en effet qu'un exemple des recherches auxquelles elles ouvroient une large carrière : le commentaire publié à Mantoue en 1768, sur le chef-d'œuvre du genre; et cet ouvrage, qui a le double défaut d'être exécuté sur un mauvais texte, et conçu dans des vues trop bornées, est cependant de grande importance pour les études lexicologiques. Il est presque inutile de dire que nos macaroniques françois n'ont jamais eu le même honneur.

Quand on pense pourtant qu'il n'existe pas dix auteurs macaroniques du premier ordre, et que ce glossaire de mots exceptionnels qui jetteroit tant de lumière sur la plus belle famille des langues modernes, ne rempliroit pas plus de deux volumes in-4°, en y admettant tous les riches développements dont il est susceptible, n'est-on pas désolé à l'idée qu'il devient de jour en jour plus difficile, selon que nous nous éloignons davantage de la tradition des origines? Pourquoi le docte M. Salvi, qui doit avoir achevé sa curieuse *Bibliographie des patois d'Italie*, si impatiemment attendue, ne consacreroit-il pas ses laborieux loisirs à cette nouvelle entreprise, plus utile encore et plus glorieuse que la première? Je ne connois personne dont l'érudition piquante et variée soit mieux appropriée à ce travail.

Si un bon commentaire des macaroniques est une chose essentiellement désirable, on concevra aisément d'après ce que j'ai dit de la langue qu'ils se sont faite, qu'il est impossible de les traduire, et souverainement ridicule de le tenter. C'est cependant ce que l'on a pas craint d'essayer en françois sur les délicieuses macaronées de Merlin Coccaïe, ou plutôt de Théophile Folengo, qu'on appelle avec quelque raison dans cette maussade contrefaçon d'un ouvrage charmant, le prototype de Rabelais. Quoiqu'il y ait dans son *Histoire macaronique* tout ce qu'il faut d'imagination et d'esprit pour dérider le lecteur le plus morose, c'est la travestir honteusement que la dépouiller de sa forme et de sa bizarrerie lexique. Dans la macaronée, le sel de l'expression résulte principalement de la nouveauté singulière et hardie d'une langue pour ainsi dire individuelle qu'aucun peuple n'a parlée, qu'aucun grammairien n'a écrite, qu'aucun lecteur n'a entendue, et qu'il comprend toutefois sans peine, parce qu'elle est faite par le même art et des mêmes matériaux que sa langue naturelle. Le principal charme du style macaronique est dans le plaisir studieux de cette traduction intime qui étonne l'esprit en l'amusant, et cette impression ne peut jamais être produite par une traduction en langue vulgaire. C'est l'envers du rideau, la trame du tapis, le canevas de la broderie. Il faudroit pour approcher du modèle recourir aux mêmes moyens d'exécution, ou emprunter à Rabelais, par exemple, la plume qui a tracé les plaisants discours de l'écolier limousin; et je ferai observer en passant que cet épisode exquis du *Pantagruel* n'est pas une véritable macaronée, mais une piquante caricature de la langue usuelle, gâtée par les pédants, puisqu'ainsi que dans la langue usuelle, c'est l'expression qui est latine, et non pas la phrase.

Comme il n'y a rien de plus démonstratif que les faits, et qu'on me demandera sans doute, avant d'aller plus loin, un échantillon du vrai macaronique françois, je le prendrai dans une facétie qu'il n'est pas permis d'ignorer, et que le théâtre national a rendue populaire depuis long-temps, la fameuse cérémonie du *Malade Imaginaire* :

   Savantissimi doctores,
   Medicinæ professores,
   Qui hic assemblati estis,
   Et vos altri messiores,
   Sententiarum facultatis
   Fideles executores,
   Chirurgiani et apothicari,
   Atque tota compania aussi,
   Salus, honor et argentum,
   Atque bonum appetitum.

Voilà la véritable macaronée à base françoise, car la macaronée n'est autre chose que la phrase latine construite sur des barbarismes formés de la langue vulgaire, si ce n'est dans le passage cité de Rabelais, où la macaronée est la phrase françoise construite sur des latinismes, et qui ne se rapporte à ce genre que par extension.

Les étymologistes se sont fort occupés de ce mot, qui n'a pas d'origine immédiate connue, et, comme de juste, on l'a fait venir de *macaroni*, sans prendre la peine de nous dire d'où *macaroni* venait, ce qui est doubler la difficulté au lieu de la résoudre. L'un et l'autre sont faits évidemment, comme l'a remarqué le savant bibliothécaire de Mazarin, Gabriel Naudé, de l'italien inusité *macarone*, qui signifioit un homme lourd, grossier, et de mauvais langage, au témoignage de Cœlius Rhodiginus, ou Ricchieri de Rovigo, au livre 17, chapitre 3, de ses *Antiquæ lectiones*. Quant à la métaphore en vertu de laquelle le même mot a usurpé deux acceptions si différentes en apparence, elle est si commune dans les langues qu'elle mérite à peine d'être expliquée, et qu'elle n'est bonne à remarquer dans l'occasion qui se présente, qu'autant qu'elle donne une idée de la manière dont se sont étendues les applications des mots, à l'époque où les langues se composoient. Il n'y a rien de plus naturel en effet que de comparer un discours hibride et confus à un mets hétéroclite dans lequel il entre des ingrédients de différentes natures, et cette forme se reproduit à tout moment chez nous dans *salmi*, *macédoine* et *pot-pourri*, qui signifient indistinctement l'un et l'autre. Les curieux de titres singuliers recherchent beaucoup un libelle imprimé en 1596, qui est intitulé *Hochepot ou Salmigondi des fous*; et pas plus tard qu'au siècle dernier, un compilateur d'assez méchantes balivernes, leur a donné le titre d'*oille*, par allusion à l'*olla podrida* des Espagnols. Quand nos poètes macaroniques ont inventé leur langue tripartie de classique, de vulgaire et de patois, ils n'ont pas été plus fiers.

Puisque me voilà dans la science des livres qui est le plus aimable de mes califourchons, je profiterai de la circonstance pour dire quelque chose de ces écrivains qu'on sait déjà fort peu nombreux, et qui mériteroient bien deux ou trois feuilles de bonnes notices dans les excellentes *Bibliographies spéciales* de M. Gabriel Peignot. Je me contenterai, quant à moi, de les désigner rapidement aux amateurs de curiosités littéraires, et ce ne sera pas tout-à-fait sans nécessité, car il n'y a peut-être point de partie de l'histoire des livres qui soit moins connue, quoiqu'il n'y en ait véritablement guères qui mérite mieux de l'être; et cela vient probablement de ce qu'ils ne sont pas tous aussi aisés à comprendre que la cérémonie du *Malade Imaginaire*; car leur lecture exige ordinairement, ainsi que je l'ai fait pressentir, avec une connoissance suffisante de la langue latine, celle de ses dérivés et de leurs patois, sans compter celle des anecdotes contemporaines, des proverbes, des idiotismes, et d'une certaine quantité de locutions rares ou vieillies, d'une interprétation difficile. C'est beaucoup par le temps qui court.

On savoit déjà du temps de Naudé que Théophile Folengio n'étoit pas le véritable *trouveur* du genre macaronique, et ce bibliographe presque infaillible lui oppose une macaronée *en vieille lettre* publiée sous le nom de Typhis Leonicus. Or, ce Typhis Leonicus est incontestablement le même, et c'est lui qui nous l'apprend, que Typhis Odaxius de Padoue, auteur d'une satyre assez mordante et infiniment rare, sur quelques Padouans qui s'étoient laissé abuser aux prestiges de la magie. Je conviens qu'il ne m'a fallu rien moins que l'autorité de Scardeone, pour me détourner de chercher un masque dans le nom de ce poète, qui signifie en racine grecque, satyrique ou *mordant*, et dont la rencontre est, dans tous les cas, passablement bizarre. Mais le poète épigrammatique de Bilbilis s'appeloit bien Martial !

Au reste, Alione d'Asti, ou, pour mieux dire, Arione, car il paroît que c'est là son vrai nom, doit être encore un peu antérieur à Odaxius, et si on l'a quelquefois rapproché de notre époque, c'est qu'il a eu certainement un homonyme de sa famille qui a écrit dans le même genre, comme cela s'est vu dans nos Sainte-Marthe et dans nos Chifflet. Ce qu'il y a de plus certain, c'est que tous les deux se sont éclipsés devant Folengio, qui est l'Homère de la poésie macaronique, dont Caesar Ursinus fut plus de cent ans après le Virgile, sous le nom de maître Stopini; Caesar Ursinus, un des esprits les plus brillans et les plus excentriques du dix-septième siècle, dont je recommande fortement l'article à mon très-savant et très-bon ami M. Weiss, pour le supplément de la *Biographie universelle*. Après ces quatre-là, on peut se dispenser de parler des autres.

Le plus recommandable comme le plus ancien de nos poètes macaroniques nationaux, est le vieil Arena ou de la Sable, dont les bibliophiles conservent entr'autres écrits pleins de sel et de gaîté, une chronique bouffonne de la déastreuse expédition, ou, pour s'exprimer comme lui, de la *meygra entreprisa* de Charles-Quint en Provence. Cet ouvrage, très facile à lire, quoi qu'en dise M. Tabaraud dans la notice morose et dégoûtée qu'il semble avoir octroyée malgré lui à l'auteur, joint au mérite de son originalité burlesque, celui de renfermer plus de particularités curieuses et singulières qu'aucun des mémoires du temps, et c'est le jugement qu'en a porté le meilleur historiographe de sa province. Entre ce poème et la plaisante oraison funèbre de Michel Morin que tout le monde sait au collége, quoique la macaronée n'y ait pas une chaire spéciale, il en a paru plusieurs autres qui mériteroient une mention détaillée dans une dissertation *ex professo*, mais parmi lesquels il faut donner le premier rang au *Recitus veritabilis super terribili esmeuta païsanorum de Ruellio*, par Jean-Cécile Frey, qui est une plaisanterie charmante, et dont il seroit à regretter que le bonhome Balesdens nous eût fait tort dans l'édition posthume de ce polygraphe peu connu, si cette édition qu'on ne recherche guères n'étoit restée d'ailleurs aussi rare que son chef-d'œuvre.

Les succès de la poésie dans la macaronée étoient fort propres à encourager la prose; elle y fit des merveilles, car indépendamment de l'*anti-choplnus* d'Antoine Hotman, et de quelques autres productions du même genre dont un habile emploi du style macaronique détermina la vogue, à cette époque vraiment littéraire qui ne se renouvellera plus, ne devons-nous pas à cette heureuse application de la langue capricieuse d'Odaxius ou d'Arione, les *Epistolæ obscurorum vivorum*, auxquelles nous devons probablement Rabelais et Pascal? Dieu me pardonne d'avoir rapproché pour une seule fois deux génies si égaux et pourtant si divers! Se souvient-on d'ailleurs des *Epistolæ obscurorum vivorum*, livre contemporain d'Erasme, et qui étoit fait pour le rendre jaloux? Nulle part la mauvaise logique et la latinité pédantesque des scholastiques n'ont été parodiées avec plus de verve et de finesse, nulle part l'insidieuse et accablante ironie n'a été enveloppée de formes plus badines et plus populaires, si ce n'est toutefois dans l'*Epistola Benedicti Passavantii ad Petrum Lise-*

tum, qui est une macaronée pure, et que bien des gens aime-
roient mieux avoir faite que toutes les lettres de Balzac. Celle-
ci se réduit à ce petit nombre de pages dont se compose ce
que nous appelons maintenant un pamphlet, mais c'est le dia-
mant des pamphlets, et quoique les questions dont il traite,
sur un ton à la vérité fort grotesque, nous soient devenues
tout-à-fait étrangères, depuis qu'elles ont fait place à des
questions qui ne leur redoivent rien en absurdité, le seizième
siècle ne nous a pas laissé un ouvrage plus amusant à relire.
Aussi est-il de Théodore de Bèze, c'est-à-dire de main de
maître.

C'est s'arrêter bien long-temps, dira-t-on, sur les monuments d'une langue dont les savants mêmes ne s'occupent plus,
et qu'on n'a jamais parlée. J'y souscris, mais sans abdiquer
la conviction où je suis qu'elle attend un meilleur chapitre
dans l'histoire des lettres modernes. Il ne faut pas trop mépriser la langue macaronique. Je crois avoir démontré une autre
fois que les hommes ne sont plus capables d'en faire d'autres;
et même à l'instant où j'écris, il se forme à la face du monde
une langue macaronique admise dans l'usage de vingt peuples différents, qui avant trois ou quatre siècles peut-être fera
raison de notre prétendue universalité : la Langue Franque.

IMPRIMERIE DE Mme HUZARD (née VALLAT LA CHAPELLE),
rue de l'Éperon, n° 7.

DE LA MAÇONNERIE

ET

DES BIBLIOTHÈQUES SPÉCIALES.

DEUXIÈME ARTICLE.

Je n'ai défini jusqu'ici les bibliothèques spéciales que par un exemple tiré de la bibliothèque maçonique de M. Lerouge. Si on observe que ce genre de collections peut s'approprier à toutes les études de l'homme, et que c'est de la réunion seulement d'un nombre immense de bibliothèques spéciales qu'on obtiendroit une bibliothèque générale bien complète et bien ordonnée, on condescendra un peu à cette innocente monomanie qui a du moins un résultat profitable en espérance. Je ne conclus pas de là qu'il soit possible de former une bibliothèque générale qui approche du complet; je ne le crois pas de la bibliothèque spéciale la plus restreinte, la plus exiguë dans son objet; je mettrois le bibliophile et le savant le plus expert au défi de réunir sans exception tous les livres que la presse a produits sur la plus vaine science dont l'esprit humain se soit avisé (à part deux ou trois qui sont en renom), l'art de voler dans les airs, par exemple, et d'établir des colonies à la lune. Cela est impossible, mais cela est fort honorable, et les bibliothèques spéciales ont l'avantage incontestable d'offrir aux hommes spéciaux presque tous les livres qu'ils cherchent, aux livres près dont ils ont besoin. Je suis même obligé de revenir ici sur mon expression pour la rendre claire : quand j'ai dit, *cela est impossible*, je ne parlois pas de la facilité un peu douteuse d'établir dès colonies dans la lune; je ne saurois trop qu'en dire. Je parlois de la facilité plus douteuse encore, selon moi, de porter au complet une bibliothèque spéciale. Je vous prie, après cela, si vous en avez le temps, et si vous voulez en prendre la peine, de me dire ce que vous pensez des autres.

Il n'y a pas long-temps qu'on s'est occupé assez sérieusement, suivant ce qui m'est revenu, de *spécialiser* les bibliothèques publiques de Paris; et je n'y trouverois pas le moindre inconvénient si l'on s'arrangeoit simultanément pour *spécialiser* les quartiers, comme ils l'ont été quelquefois dans les villes du moyen-âge, ou pour *spécialiser* les études et les occupations de l'esprit comme cela s'est pratiqué chez certains peuples; mais il n'y a rien de plus éloigné de nos modes actuels d'enseignement et de nos vraies ou fausses théories de perfectibilité, qui aspirent toutes à la plus grande diffusion possible des idées et des connoissances. Le méchanisme de notre gouvernement lui-même exige de la classe éclairée un ensemble immense de notions, puisque toutes les questions y sont soumises à tous. Le temps où nous vivons est celui des dictionnaires, le temps annoncé par l'*Encyclopédie*, le temps exprimé par le *Journal des Connoissances utiles*; un fort bon temps, sans doute, mais ce n'est certainement pas le temps des études et des bibliothèques spéciales. Il n'y faut plus penser.

Si ce projet pouvoit recevoir quelque application raisonnable, ce seroit tout au plus auprès de quelques institutions, auprès de quelques écoles dont l'organisation élémentaire ne se ressent pas encore du vague universel, mais qui ne tarderont pas à tomber dans ce chaos comme le reste, parce que telle est la destinée inévitable des sociétés qui finissent. Personne ne se plaindroit, peut-être, et leurs parents moins que personne, si les étudiants en droit ne lisoient que des livres de droit, si les étudiants en médecine ne consultoient d'autres oracles que ceux d'Épidaure et de Cos, et si les élèves de l'école polytechnique, assez modestes pour se renfermer dans l'infini qui offre déjà une très-belle latitude à la pensée, renonçoient à pousser leurs recherches au-delà de ses frontières inaccessibles. Je serois même tout disposé à leur en faire mon compliment, comme d'une sage et précieuse conquête sur l'avenir, car il faudra bien qu'ils apprennent, avant une trentaine d'années d'ici, qu'il n'y a de réel dans la destination temporaire de l'homme que l'exercice assidu et consciencieux d'une faculté qui nourrit son maître; mais j'ai peur que ce cadastre judicieux de l'intelligence n'aille pas du tout au dix-neuvième siècle.

Au seizième et au dix-septième, il en étoit autrement. Comme on avoit remarqué alors que c'étoit du plus grand concours possible de travaux spéciaux que résultoit le plus parfait ensemble possible d'instruction et de progression sociale, chacun se tenoit avec une prudente réserve dans les bornes que sa vocation lui avoit prescrites. Deux études seulement étoient *antéposées* à toutes les autres, celle de la religion qui est le fondement de toute science, et les *humanités* qu'on appeloit ainsi, parce qu'elles avoient pour objet de polir les esprits et d'améliorer les mœurs; sur quoi je remarquerai en passant qu'on a fait à merveille de changer leur nom qui ne signifieroit plus rien, même dans les occasions peu nombreuses où il n'exprimeroit pas une contre-vérité désolante. Ainsi préparé à parcourir dignement une bonne et utile carrière, c'est-à-dire, religieux et humaniste, on devenoit Tycho-Brahé, Cujas, Fernel, Galilée, Descartes, Newton, Racine ou Pascal. Ce seroit bien peu de chose aujourd'hui, et si peu de chose, en vérité, que j'aurois honte de le dire. Avec toutes les capacités réunies de ces grands hommes d'un autre âge, c'est tout au plus si on parvenoit à constituer, *aut in aere aut in cute*, les conditions d'un éligible. Voyez combien ils seroient circonscrits dans leurs facultés respectives, et presque incapables d'empiéter de l'un à l'autre sur celles de leur voisin le plus immédiat. Je vous demande à plus forte raison quelle figure feroient ces gens-là en face de la loi des douanes, du timbre des journaux, et du budget de la police? O perfectibilité! on ne sauroit trop vous répéter ce que disoit Rabelais à ses *poulailles* : Pourquoi faites-vous vos nids tant haut?

On a maintenant d'admirables raisons pour se dispenser de savoir bien ce que l'on sait; car on sait tout ou presque tout. La seule chose que l'on ignore, c'est la seule chose que savoit Socrate, ou qu'il s'enorgueillit de savoir.

Les bibliothèques spéciales qu'on s'est proposé de nous donner ne sont donc, pour les nations, dans leur période climatérique d'avancement ou de mort, qu'une ingénieuse théorie, fort arriérée et fort inutile comme toutes les bonnes et saines notions qui nous restent du juste et du vrai. Il ne résulte pas de là, tant s'en faut, que je sois l'ennemi du progrès, comme on me le reproche : le progrès, je l'ai aimé comme l'espérance, et c'est en dépit de moi que je n'y crois plus.

Pour les hommes studieux qui élaborent patiemment les observations et les découvertes du passé, pour ceux-là seulement, et ils sont rares, les bibliothèques spéciales resteront, jusqu'à nouvel ordre, un excellent instrument de travail. C'est dans cette seule acception, sous ce point de vue exclusif, que j'en dirai encore quelque chose en me bornant à des faits utiles.

Tout homme qui se livre à une étude spéciale, sans autre ambition que de l'approfondir pour se la rendre propre, ne peut se dispenser, s'il est riche, de rassembler sous sa main les livres spéciaux qui la concernent; s'il est pauvre, autant de renseignements qu'il en peut recueillir sur le titre et la portée de ces ouvrages dont l'exploitation lui est si largement facilitée dans les vastes dépôts de nos collections publiques; et il va sans dire que tout savant qui n'est que savant, est presque nécessairement rangé dans cette seconde catégorie. Si le dernier savant dont je parle s'avisoit, par quelque étrange caprice, de venir me consulter sur l'objet de son travail, avant de l'avoir sérieusement abordé, et que je le trouvasse jeune, valide et vigoureux, je lui conseillerois sans hésiter d'apprendre un métier; ou bien, dans le cas où il seroit trop pressé par ces nécessités de la vie qui ne laissent pas même le loisir d'un apprentissage, d'aller solliciter un fardeau sur le port, une commission sur la borne, un office de manœuvre à la suite des maçons: c'est un parti fort sage, et le plus digne selon moi d'un esprit raisonnable et sagement indépendant, d'abord parce qu'il n'y a point de destination plus naturelle à l'homme que de vivre au jour le jour du labeur de ses mains, et puis, parce que, toutes choses compensées, il n'y en a point de plus utile et de plus honnête. S'il étoit vieux et impotent, s'il étoit revêche et obstiné, je le renverrois aux livres spéciaux, à commencer par les plus anciens qui sont toujours les meilleurs, car tout ce qui est à dire sur nos vaines sciences jusqu'à la consommation des siècles a été dit avant nous, très bien dit et mille fois mieux qu'on ne le dira jamais. Ce qui reste à faire au génie, c'est l'assortiment des idées éparses et leur assimilation en corps méthodique, *junctura mixturaque*. Depuis vingt siècles, il n'y a dans les connoissances de l'homme rien de nouveau que les faits; et voilà précisément pourquoi nous sommes arrivés aux journaux et aux almanachs, qui sont peut-être désormais les seuls livres possibles. Nos libraires ont pénétré innocemment ce mystère en nous livrant leurs éditions à la feuille. La mesure de leurs publications est très-conforme à la portée de nos besoins littéraires qui deviendront encore moins exigeants. La littérature d'une nation qui est dans une telle marche de *perfectibilité*, doit se réduire avant peu au Bulletin de la bourse et aux annonces des *Petites-Affiches*.

Revenons aux investigations honorables, même dans leur zèle tardif, de ces hommes studieux qui consument encore leur vie en travaux bientôt inutiles, et qui, à défaut de pouvoir se composer chèrement des bibliothèques spéciales appropriées à leurs recherches, réclament au moins de la bibliographie des catalogues spéciaux, capables de les diriger. Il est donné à si peu de monde de réunir, au poids de l'or, sur les tablettes d'acajou d'un cabinet opulent, des collections presque complettes, comme la merveilleuse bibliothèque de théatres de M. de Soleine, monument incomparable d'une patience assidue et d'une vaste instruction, qui feroit honneur aux musées des rois! Nos pauvres savants trouveront, sans doute, de précieux renseignements pour leurs études, dans le quatrième volume de l'excellent *Manuel* de M. Brunet, le seul ouvrage bibliographique écrit en françois qui ait assigné à son auteur une place élevée parmi les gens de lettres; mais ce seroit peu si l'érudition ne leur avoit fourni presque autant de fils pour se conduire qu'il y a de voies ouvertes dans le labyrinthe des sciences. Comme je ne me propose pas de faire ici moi-même une bibliothèque spéciale, il me suffira d'indiquer un exemple, et j'avoue qu'il me seroit difficile d'en trouver de plus remarquables, l'excellente Bibliothèque des *Croisades* de M. Michaud, qui a daigné se faire le Photius de cette guerre chrétienne après en avoir été deux fois l'Homère, dans cette belle histoire qui est une *Iliade*, et dans ce beau voyage qui est une *Odyssée;* et la Bibliothèque de droit, également parfaite en son genre, que M. Dupin a si savamment développée, qu'il a créée pour mieux dire, à la suite des *Lettres* de Camus *sur la profession d'avocat;* ouvrage soigneux et achevé, *integrum et absolutum*, qui prouve que les grandes capacités peuvent s'abaisser glorieusement à des travaux de peu d'éclat dans une vue d'utilité publique. Les livres que je viens de citer, ceux de M. Brunet, de M. Van-Praet, de M. Peignot, composent les plus beaux titres de notre bibliographie vivante. Ils suffiroient à sa gloire.

Cependant, les catalogues mêmes de quelques-uns de nos savants libraires ne sont pas à dédaigner dans l'œuvre d'investigation qui précède et accompagne les bonnes études. Le catalogue bien fait d'une bibliothèque spéciale peut être un livre fort curieux en soi, et quelquefois un livre indispensable. C'est un travail qui exige beaucoup d'exactitude et beaucoup de méthode, c'est-à-dire de la conscience et du jugement, deux qualités qui ne sont pas tellement communes qu'on puisse les négliger sans injustice. La civilisation est d'ailleurs assez avancée pour songer sérieusement à son inventaire, et c'est le moment pour elle d'être plus libérale de son estime envers les jurés-priseurs qui vont tenir registre de ses vieilleries. Il y aura bien du rebut!

Je n'ai pas voulu parler ici de certaines bibliographies spéciales, étrangères ou à notre époque ou à notre langue, mais qui relèvent plutôt de la bibliographie d'amateur que de la biographie de profession, quoiqu'elle ne lui ait pas nui, telles que la *Bibliothèque dramatique* de La Vallière, les *Novellieri* de Borromeo, les *Textes de la Crusca* de M. Gamba, et les *Épopées romanesques* de M. Melzi, livres plus ou moins importants dans leur espèce, et les deux derniers excellents. Je me suis attaché au catalogue de vente publique dans toute sa simplicité, quand il représente une bibliothèque spéciale, et qu'il est exécuté par un homme de savoir. Ainsi l'amateur des lettres classiques de l'antiquité ne peut se passer des catalogues de Maittaire, de Rewiczky et d'Askew; celui des Voyages, du catalogue de Courtanvaux; celui de la Botanique, du catalogue de Lhéritier. Quand on ne possède pas la *Bibliothèque* immense, incomplète, et cependant presque inexplorable du père Lelong, on ne saurait se dispenser, pour pénétrer dans le dédale de l'histoire de France, de consulter les catalogues de Lancelot et de Fontetti. La philologie orientale, si nouvelle chez nous, au moins dans l'extension académique qu'elle y a prise depuis quelques années, n'a pas jusqu'ici de meilleur *Manuel* en France que le catalogue de M. Langlès, chef-d'œuvre d'ordre et de méthode dont quelques erreurs inévitables ne diminuent pas le mérite. Rien n'est plus capable que de pareils ouvrages de réhabiliter dans tout son éclat la dignité d'une noble industrie, dégradée de nos jours par tant de vaines ou absurdes publications.

De ce chapitre que j'effleure en courant, comme Camille sur des épis prêts pour une riche moisson, et que je recommande à des études plus profondes, plus patientes, et surtout plus libres que les miennes, il n'y a qu'un pas jusqu'au chapitre de ces bibliothèques *monobibles*, dans lesquelles l'imagination ou la fantaisie s'est restreinte à un auteur ou tout au plus à quelques auteurs de choix. Tout le monde sait qu'il commenceroit par Alexandre qui ne portoit avec lui qu'Homère, et qui renferma ses manuscrits dans les riches cassettes de Darius; mais nous vivons dans un temps où l'on ne se laisse plus éblouir par la magnificence d'un nom héroïque et royal, et le public éprouveroit peut-être autant d'ennui à mes recherches que j'y goûterois de plaisir. Nous verrons pourtant, si l'on m'y autorise, et que je ne trouve rien d'ici là de plus instructif et de plus amusant dans mes recherches. Cela ne seroit peut-être pas difficile.

CH. NODIER.

Paris, Imprimerie de BRUN, rue du Mail, n° 5.

DES MATÉRIAUX

DONT RABELAIS S'EST SERVI

POUR LA COMPOSITION DE SON OUVRAGE.

PAR M. CH. NODIER.

PARIS,
TECHENER, LIBRAIRE, PLACE DU LOUVRE, N° 12.

Janvier 1835.

DES MATÉRIAUX

DONT RABELAIS S'EST SERVI

POUR LA COMPOSITION DE SON OUVRAGE.

La nouvelle librairie est, grâce au ciel, assez féconde pour occuper tous les critiques présents et à venir, d'ici à la consommation de la langue françoise, qui a encore cent cinquante ou deux cents ans de durée probable. Je me suis fermement promis de ne jamais m'en occuper, pour deux raisons principales : la première, c'est que cette industrie, éminemment perfectionnée, s'est arrangée d'une manière admirable pour faire ses affaires elle-même ; la seconde, c'est qu'un apprentissage de vingt ans dans les précautions de la politesse officieuse, ne m'a pas encore appris assez d'euphémismes pour satisfaire aux exigeantes vanités de mon temps. Je me suis donc décidé à ne parler que des morts, en désespoir de louer convenablement les vivants, et mes lecteurs n'y perdront rien ; car dans notre littérature caduque, et sauf quelques exceptions que tout le monde fera aisément pour moi, il n'y a de vivant que les morts.

Ce que je me propose ici, par conséquent, ce n'est pas de recommander au public une excellente petite brochure de deux feuilles et demie d'impression qui traite du même sujet que cet article, et qui porte à peu près le même titre; et une vieille habitude de raisonnement que je dois à la logique, ou à M. Pincé du *Tambour nocturne*, me fournit encore deux raisons très considérables pour n'en rien dire : la première, c'est que ce docte et piquant fascicule n'a été publié que pour une soixantaine de curieux qui n'en ont probablement pas laissé un seul exemplaire chez Techener ou chez Crozet; la seconde, c'est qu'il est de l'auteur du *Manuel* et des *Nouvelles Recherches bibliographiques*, le savant du siècle qui a le plus puissamment influé sur le progrès de la science bibliographique, et qu'il y auroit une outrecuidance fort déplacée de ma part à penser que l'autorité de mon nom puisse ajouter la moindre chose à la juste autorité du nom de M. Brunet.

Tout ce que j'entreprends et tout ce que je puis, c'est de causer un moment à côté de lui, et presque sous son inspiration, sur une question neuve et singulière qu'il n'a pas manifesté l'intention d'épuiser; question moins grave et d'un scepticisme moins hazardé que les *Conjectures* d'Astruc sur les matériaux de *la Genèse*, et même que celles des nouveaux philologues præhomérites sur les éléments poétiques de l'*Iliade*; mais qui offre toutefois un intérêt fort puissant, puisqu'il s'agit de Rabelais, l'*Homère bouffon* de notre littérature nationale.

On voit d'ici qu'elle se subdivise en divers problèmes dont chacun demanderoit un long chapitre d'examen, et que je me propose de réduire à leur plus simple expression possible : Rabelais a-t-il inventé la fable du *Gargantua* et du *Pantagruel*? S'il ne l'a pas inventée, où l'a-t-il prise? S'il l'a prise, qui l'a inventée? Quel usage a-t-il fait des inventions de ses prédécesseurs, ou quel parti ses plagiaires ont-ils tiré de ses propres inventions? — Car il n'y a rien de plus vague et de plus incertain que les dates relatives des chroniques gargantuines. Qu'on ose après cela fonder les motifs d'une créance philosophique sur les probabilités de l'histoire!

Un fait bien avéré en bibliographie, au moins jusqu'à nouvel ordre, c'est que la première partie de l'ouvrage de Rabelais, qui est le *Gargantua*, n'a paru, dans la forme où nous le lisons aujourd'hui, qu'après la première partie du *Pantagruel*. Et pourtant l'existence antérieure du *Gargantua* est très explicitement reconnue dans le *prologue* du *Pantagruel*, par les passages suivans du commencement et de la fin : « Tres illustres et tres che-
» valereux champions, gentilshommes, et aultres, qui
» voluntiers vous addonnez a toutes gentillesses et hon-
» nesteté, vous avez naguieres veu, leu, et sceu *les*
» *Grandes et inestimables Chronicques de lenorme geant*
» *Gargantua* : et comme vrais fideles les avez crûes ga-
» lantement, et y avez maintesfois passé vostre temps
» avec les honorables dames et damoiselles, leur en fai-
» sant beaux et longs narrez, alors que estiez hors de
» propos : dont estes bien dignes de grande louange
» et mémoire sempiternelle Et à la mienne volunté que
» ung chascun laissast sa propre besongne, ne se sou-
» ciast de son mestier, et mist ses affaires propres en
» obli, pour y vacquer entièrement.........................
» Et le monde a bien cogneu par expérience infaillible
» le grand émolument et utilité qui venoit de la dicte
» chronicque gargantuine; car il en a esté plus vendu
» par les imprimeurs en deux mois, qu'il ne sera achep-

» té de Bibles en neuf ans. Voulant doncques (je, vostre
» humble esclave) accroistre vos passetemps dadvantai-
» ge, vous offre de présent un aultre livre de mesme
» billon, sinon qu'il est un peu plus équitable et digne
» de foy que nestoit l'aultre...... »

Il falloit évidemment qu'un *Gargantua* eût paru avant le *Pantagruel*, pour que Rabelais pût en parler avec cette précision, et qu'il fût de Rabelais, peut-être, pour qu'il daignât le traiter avec cette complaisance qui ne convient qu'à une douce et spirituelle ironie de soi-même. Or, les *Grandes et inestimables Chroniques*, si souvent réimprimées à Troyes avec d'étranges et ridicules modifications, existoient avant la publication du *Pantagruel*. Les éditions originales viennent d'en être retrouvées par hazard. Il n'y avoit point d'Alexandre qui les eût renfermées chez nous dans les cassettes d'un Darius. C'est tout simplement une découverte de bibliophile, et ceux qui l'ont faite n'y attachoient probablement pas beaucoup d'importance. Elle appartient de droit au savant qui l'édite et qui l'éclaircit.

Le fait important à vérifier, c'est de savoir si les *Grandes et* INESTIMABLES *Chroniques du grant etpuissantgéant* sont identiquement la même chose que la *vie* INESTIMA-BLE *du géant Gargantua*; et il y a des gens qui n'en douteroient point; ceux qui pensent, par exemple, comme je l'avois toujours pensé, que le mot *inestimable* a été fait par Rabelais. Malheureusement, les *Chroniques* originales se rapprochent beaucoup plus de l'édition populaire de madame Oudot, comme vous la voyez décorer encore sur son grossier papier à sucre, et sous son enveloppe azurée, l'étalage nomade des colporteurs de village, que du premier livre de Rabelais. C'est une grande difficulté.

Il peut s'élever ici trois hypothèses qui sont également faciles à défendre, et qu'une édition authentiquement originale du second livre résoudroit toutes à la fois, si elle se présentoit jamais.

Ou, il avoit paru, avant le *Pantagruel*, une ébauche du *Gargantua* fort analogue à celle que la *Bibliothèque bleue* nous a conservée, et dont Rabelais auroit tiré ses inspirations et son poëme, ce qui ne contrarieroit pas essentiellement le passage équivoque du *Prologue* que j'ai cité tout à l'heure.

Ou, Rabelais auroit composé lui-même, dans l'élan d'une verve encore peu exercée, et avant d'avoir vu un livre immortel dans son livre, comme cela doit arriver quelquefois aux gens de génie, les *Grandes et inestimables Chroniques*, et ne se seroit avisé que plus tard de ramener cet essai capricieux aux vastes formes d'une conception plus complette et mieux entendue; et je dirai dans un moment pourquoi cette opinion est mon opinion.

Ou bien enfin, l'émulation de tant de beaux talents, contemporains de Rabelais, lui auroit suscité face à face une nombreuse concurrence d'écrivains habiles à s'emparer de son idée première, sans attendre qu'il l'eût développée tout entière; et il seroit seulement surprenant que cette rivalité n'eût pas laissé de traces dans ses propres écrits.

Parmi ces conjectures, il y en a une vraie, et je crois que personne aujourd'hui ne peut la signaler avec une assurance infaillible. Tout ce que pouvoit entreprendre

M. Brunet, dont l'autorité en pareille matière a force de jugement et de loi, M. Brunet l'a fait en mettant les pièces de ce grand procès littéraire sous les yeux de son lecteur. C'est le cas de lui appliquer, au changement d'un mot près, ce que Voltaire disoit ingénieusement de Bayle : M. Brunet est le procureur-général des bibliographes, mais il ne porte pas ses conclusions.

Sa prudente réticence auroit dû sans doute me servir d'exemple, mais une idée nouvelle est une propriété si précieuse par le temps qui court qu'on a de la peine à se défendre de la mettre en valeur, quand on se croit sûr de l'avoir trouvée. Il n'y a d'ailleurs pas grand danger à se tromper sur une question de pure critique où l'on n'intéresse tout au plus qu'une insignifiante réputation de tact et d'esprit, même quand on passe pour avoir de l'esprit et du tact, et je décline hautement cette ambitieuse prétention. Cet inconvénient seroit plus grave en politique et en morale.

Je sens toutefois la nécessité d'établir d'abord que M. Brunet a jugé bien sévèrement les *Grandes et inestimables Chroniques*, en les traitant de rapsodie et de production sans esprit. Je conviens que c'est au fond un amas d'hyperboles fort ridicules, faites pour amuser le peuple, et que relèvent rarement ces traits de satyre délicate ou de sublime ironie, si multipliés dans les ouvrages de Rabelais qui nous sont parvenus sous son nom ; mais étoient-elles conçues dans le même plan, étoient-elles destinées au même public, et l'auteur, entraîné à les publier avant leur maturité, ou par des convenances ou par des besoins, avoit-il reçu dès son début la confidence de sa muse, et l'aveu intime de son génie ? Pense-t-on que l'auteur de *Tristram Shandy* eût déjà révélé toute sa puissance dans l'*Histoire d'un gros manteau avec un tapabor de l'espèce la plus chaude*? Ses admirateurs conviennent que non. Le talent ne procède pas ainsi de prime allure. Il est comme le papillon nouvellement sorti de la chrysalide, qui traîne quelque temps de lourdes ailes avant de chercher les fleurs ou de s'élancer aux cieux. Tout art demande un apprentissage, et les arts de l'imagination en demandent plus que les autres.

Si l'on veut se transporter d'ailleurs à l'époque où parurent les *Grandes et inestimables Chroniques*, on verra dans leur conception même un mérite qui n'est pas vulgaire, et qui m'explique, à moi, leur prodigieux succès. La littérature françoise, et surtout la littérature populaire, étoit envahie alors par le roman de chevalerie, si cher à toutes les langues de famille romane, et sur lequel les presses du bon Vérard finissoient à peine de gémir.

C'étoit le roman de chevalerie que le chaland demandoit aux libraires. C'étoit le roman de chevalerie que les libraires demandoient aux auteurs. Supposez un homme de beaucoup d'esprit parmi ceux-ci (ce n'est pas des libraires que je parle), et l'idée de tourner en ridicule ce genre insolemment usurpateur se présentera d'elle-même à son imagination ; mais nous avons dit *beaucoup d'esprit*, et nous n'en rabattons rien. Il y avoit donc un talent original et d'une haute portée dans l'écrivain qui s'avisa pour la première fois de parodier les fables chevaleresques, et de livrer à la dérision de la multitude ce qui avoit fait jusqu'alors l'objet de son admiration et de son culte. On en jugera par un rapprochement que M. Brunet a cru devoir négliger dans sa trop courte notice, quoiqu'il ait exprimé très nettement la pensée féconde qui me fournit cette induction naturelle. L'auteur des *Grandes et inestimables Chroniques* prenoit une initiative d'un siècle sur Cervantes! Que veut-on de plus?

L'objection tirée du style subsiste encore pour tout le monde, si ce n'est pour moi. Que devoit être le style de l'auteur des *Chroniques*, dans l'acception de ce plan primitif, sinon le pastiche ironique, mais fidèle, de la folle exagération et de la crédulité niaise des romanciers? Je ne sais si je me trompe, mais je crois que ces trésors de fine causerie et de gaité malicieuse que Rabelais a depuis répandus à pleines mains dans le *Pantagruel* et dans la nouvelle leçon du *Gargantua*, auroient été déplacés dans la première. Il avoit besoin alors de se faire un auditoire, ou plutôt de se concilier l'auditoire accoutumé de ses devanciers, et il ne pouvoit y parvenir s'il ne lui parloit sa langue. Il y auroit eu plus de maladresse encore que de présomption à écrire autrement, et en vérité, Rabelais n'étoit pas un écrivain maladroit.

Mais, dira-t-on sans doute, le prosateur le plus spirituel de tous les siècles auroit inutilement essayé de dissimuler son esprit, même dans un petit nombre de feuillets. Il s'y seroit toujours trahi par quelques éclairs. Eh mon Dieu! cela est bien possible, si possible que cela est vrai, si vrai que les exemples rempliroient deux articles de la longueur de celui-ci, pour peu qu'on prit la peine d'en chercher! Sans parler des chapitres sur la mort de Badebec, puisque M. Brunet les regarde comme le larcin d'un plagiaire, à qui oseroit-on attribuer ce prologue délicieux où le chroniqueur récuse si plaisamment l'autorité des histoires, pour s'appuyer sans réserve sur celle des romans les plus diffamés par la grossièreté de leurs mensonges ; morceau exquis que Cervantes imita sans l'égaler, et qui ne seroit de personne, peut-être, s'il n'étoit de Rabelais, qui l'a repris, d'ailleurs, avec peu de changemens, dans le prologue de *Pantagruel*? Au commencement du seizième siècle, il n'y avoit que lui en France qui pût écrire dans ce goût.

N'est-ce rien que cette piquante figure d'énumération qui caractérise avec une précision fantasque l'à-plomb imperturbable des menteurs de profession? Je l'avois regardée jusqu'ici comme une invention de Rabelais, et je la trouve à toutes les pages des *Chroniques*. Il faudroit donc qu'il l'eût dérobée à ses prédécesseurs, et on ne faisoit guère avant Rabelais de l'esprit à la manière de Rabelais. Il n'a pas conservé, à mon grand regret, ce joli passage des guerres du géant contre les Hollandois et les Irlandois, sous le commandement du roi Artus : *Guargantua en peu de temps en tua cent mille deux cents et dix justement, et vingt qui faisoyent les morts soubz les austres*. Quand on connoît à fond la littérature comique de ce temps-là, quand on s'est bien pénétré de ses formes de style et de ses tournures familières, on sait, à n'en pas douter qu'il n'y avoit que Rabelais qui écrivît ainsi quand il commença d'écrire ; et si on a usé de cet artifice d'hyperbole gasconne jusqu'à le rendre fastidieux, jusqu'à en dégouter Rabelais lui-même, ce n'étoit certainement pas avant qu'il l'eût employé ; or, on ne conteste pas que les *Chroniques* sont antérieures au *Pantagruel*.

N'est-ce donc rien que cet art délicat d'introduire, au milieu des bouffonneries de l'esprit qui s'amuse, le sentiment qui touche et la raison qui éclaire? Il y a dans les *Chroniques* dix traits pareils qui font pressentir de loin l'admirable *concion* de Gargantua aux vaincus, et ces excellents enseignements sur l'éducation des Princes, que l'homme de France le plus capable de les apprécier, M. Guizot, plaçoit, il y a quelques années, au nombre des chefs-d'œuvre théoriques de la science d'instruire. Je conviens toutefois qu'il n'y a pas une identité de style suffisamment démontrée entre les essais et *le livre*, comme l'appeloit le cardinal Du Bellay, mais Rabelais lui-même ne l'auroit-il pas reconnu en publiant un second thème de *Gargantua*; et quel écrivain fut jamais plus habile à varier, selon sa matière ou son caprice, les formes de la parole? M. Brunet lui-même nous a démontré qu'il lui avoit donné quelquefois une apparence de vétusté barbare, pour *antiquer* la couleur de ses tableaux. C'est ainsi que vers la fin du prologue de *Pantagruel*, il avoit d'abord écrit dans l'édition gothique in-4º : *Je men suis venu visiter mon pays de vache, et spauoir s'il y avoit encores en vie nul de mes parents*; ce qui est la construction naturelle, dès-lors françoise comme elle est françoise aujourd'hui; tandis qu'on lit dans les éditions postérieures : *Et spauoir si en vie estoit parent mion aulcun*, leçon beaucoup plus archaïque, et cependant plus nouvelle.

Admettons maintenant que Rabelais, dans un accès d'humeur joyeuse et cervantesque, se soit ébaudi à parodier grotesquement les extravagantes fictions des romans de chevalerie, sans y attacher plus d'importance qu'on ne le fait d'ordinaire à ces improvisations de la gaîté, prises, comme il le dit lui-même, sur le temps des refections corporelles, et seulement pour se distraire d'autres plus graves études. Associons-nous, autant que nous en sommes capables, à la pensée qu'il dut concevoir, quand le succès inattendu de ces boutades sans conséquence, lui eut révélé tout à la fois l'aptitude et l'opportunité de son talent satyrique. Ce n'étoit plus la manie éphémère d'une littérature de transition qui se mouroit doucement de sa mort naturelle, ce n'étoit plus le ridicule passager d'un genre vieilli, déjà battu en ruine par ses premières atteintes, qui stimuloient, qui invoquoient sa facétieuse colère. C'étoit la société tout entière avec ses avocats et ses médecins, ses sophistes et ses pédants, ses grands seigneurs et ses rois, ses moines et ses pontifes. C'est ainsi qu'il entra dans la composition du *Pantagruel*, et c'est pour cela, selon moi, qu'il recommença le *Gargantua*. Je sais à merveille, et je ne saurois trop répéter, que ce n'est ici qu'une conjecture qui m'étoit tout-à-fait personnelle, quand M. Brunet a eu la bonté de la présenter comme un doute; et je sais mieux encore qu'une conjecture dont le crédit s'appuie sur ma seule opinion, n'a rien qui puisse la faire sortir du rang des conjectures. Il me reste à dire tout au plus, pour justifier le soin que j'ai pris à la développer, ce que Montaigne dit quelque part sur un sujet de pareille nature: c'est qu'on *me feroit grand desplaisir de me desloger de cette créance.*

J'ajouterai cependant un seul mot, sans sortir de la forme dubitative qui me convient à l'égard de mes maîtres. Pourquoi M. Brunet, par qui vit en France et en

Europe la science bibliographique, si bien accueillie aujourd'hui, et devenue si importante, n'est-il pas encore de l'académie des inscriptions et belles-lettres?

DES

AUTEURS DU SEIZIÈME SIÈCLE

QU'IL CONVIENT DE RÉIMPRIMER.

PAR M. CH. NODIER.

PARIS,

TECHENER, LIBRAIRE, PLACE DU LOUVRE, N° 12.

Février 1835.

DES

AUTEURS DU SEIZIÈME SIÈCLE

QU'IL CONVIENT DE RÉIMPRIMER.

Nous avons une singulière manière de procéder en France. Elle n'agit que par admirations exclusives ou par antipathies décidées. Le dix-septième siècle ne s'est pas plus occupé du seizième que si la langue françoise avoit été improvisée par Port-Royal dans la Grammaire de Lancelot. Molière et Lafontaine s'en souvenoient souvent à la vérité, mais comme d'une mine abandonnée dont leurs contemporains avoient oublié le gisement, et où leur habile industrie pouvoit exploiter de temps à autre des trésors inconnus, sans faire crier au furt et au plagiat. Le dix-huitième siècle a passé sur le dix-septième sans égards pour Racine et pour Boileau, *correct auteur de quelques bons écrits*. Le dix-neuvième a débuté en faisant du tout table rase, et nous en serions peut-être encore là, s'il n'y avoit pas une loi de la méchanique qui rend la réaction égale à l'action; mais, comme le mouvement de ce pendule du jugement et du goût devient d'autant plus rétrograde qu'il a été plus violemment jeté hors de son immobile à-plomb de station et de perpendicularité, nous retournons aujourd'hui sur nos âges littéraires, sans règle, sans esprit et sans choix, incapables que nous sommes de nous arrêter à aucun intermédiaire sous l'impulsion du véhicule irrésistible qui nous emporte. C'est une grande calamité, sans doute, et la moindre pourtant de toutes les calamités dont on ait à s'épouvanter dans les sociétés qui finissent et dans les langues qui meurent.

La tangente de notre monde civilisé, sur laquelle je me suis depuis long-temps juché en désespoir de cause, n'est pas toutefois tellement étrangère à ses révolutions, que je n'y participe au moins par quelques sympathies. J'adhère sincèrement à l'élan passionné qui entraîne quelques-uns de mes jeunes amis (je ne parle pas des savants profès que d'autres suffrages couronnent, et qui n'attendent point le mien) à l'exploration de ces chartes vénérables de notre histoire, de ces *incunables* précieux de notre langage, trésor jusqu'ici méconnu qui étoit échu aux vers comme un patrimoine. Grâces soient rendues de leurs admirables entreprises à M. Crapelet, à M. Téchener, à M. Silvestre; aux dignes imprimeurs de Paris, de Lyon et de Chartres, qui ont compris ce mouvement comme l'auroient compris leurs fameux prédécesseurs, les Vérard, les Galliot du Pré, les Dolet. Grâces soient rendues surtout aux études laborieuses et ardentes de tant de jeunes esprits, qui se sont dévoués à ces pénibles explorations en mépris de la réputation hostile des feuilletons et de la vogue éphémère des brochures; à M. Paulin Paris, à M. Leroux de Lincy, qui nous ont si habilement dévoilé les secrets de l'épopée intermédiaire; à M. de Terrebasse, qui reproduit si religieusement le texte de nos chroniques; à M. Lacroix, qui les rajeunit dans des compositions si spirituelles; à mon savant frère Charles Weiss, qui les fouille et les éclaircit aujourd'hui dans un silence fécond; à M. Francisque Michel, à M. Jubinal, à M. Trébutien, à cet essaim studieux tout entier qui compose son miel dans la poussière des chartes, et dont la moitié vient d'être sacrifiée par la chance capricieuse du concours à l'*ultimatum* parcimonieux du budget. Pauvres enfants, amoureux d'érudition et de bon savoir, qui avoient renoncé à toutes les illusions de leur âge, aux illusions même d'un âge plus avancé, celles des succès faciles et des fausses gloires, pour des travaux d'abnégation et de courage; et qu'un arrêt brutal vient de déshériter d'encouragements et d'émulation, dans l'intérêt d'une économie de *huit cents francs* · malheureux d'être nés dans ces jours de *perfectionnement* dont la menteuse outrecuidance a trompé leur naïveté! Il falloit vivre sous François I*er* ou sous Charlemagne.

Cet accessoire me mèneroit loin, bien plus loin que je n'ai l'intention de le pousser. Je serois obligé de dire que chez un peuple fiscal où l'on ne tient plus compte des droits acquis et des services généreux, où tous les privilèges appartiennent à l'or, et toutes les faveurs à l'intrigue; où l'on contrôle les hommes au tarif des impôts ou au crédit des recommandations, sans égard au sceau que leur impriment l'estime publique et le suffrage des gens capables, il est absurde de penser à se faire un avenir honorable par le talent. Bonne et honnête jeunesse qui m'écoutez quelquefois, quoique je ne vous aie jamais flattée dans vos aberrations bizarres, apprenez des métiers méchaniques pour être libre; soumettez-vous sans réserve aux devoirs de la morale pour être heureuse; voyez d'un œil froid passer le reste, qui passera, et croyez-en mon expérience amère! C'est le conseil de la raison.

Je reviens à mon sujet. Ce que j'ai dit s'adresse aux hommes. Ce que j'ai à dire s'adresse aux libraires et aux gens de lettres.

Il étoit donc fort bien de rétrograder sur ces siècles omis de notre littérature, qui seroient, si l'on en avoit cru le pédantisme classique des écoles, comme s'ils n'avoient jamais été. Ce que je déplore, c'est que notre impétuosité nationale, notre *furia francese*, ait sauté à pieds joints, dans un bond étourdi, sur le plus beau siècle des arts et des lettres, car nous avons nos *quinquecentistes*, comme l'Italie, et nous sommes revenus, pour un moment encore, de l'insolent dédain qui les repoussoit. Je voudrois que l'industrie de la publication s'en occupât quelque jour, pour prouver au moins que notre retour aux bonnes et vieilles lettres du pays, n'étoit pas le simple effet d'un caprice de la mode, ou d'une monomanie aventureuse de la spéculation.

Rabelais, Marot, le *Cymbalum mundi* de Desperriers, le *Longus* et le *Plutarque* d'Amyot, les *Essais* de Montaigne, ont été, à la vérité, réimprimés fort souvent dans le xviii° siècle, mais avec une insouciance ou plutôt avec un mépris de l'orthographe et du texte qui fait de la plupart de ces somptueuses éditions des monuments de mauvais goût. Ajoutez, pour comble de malheur, à ce vice radical, l'importunité obséquieuse des clefs et des commentaires, clefs absurdes, commentaires insignifiants, dont le moindre défaut est de ne rien apprendre aux gens qui savent quelque chose, et si peu que ce soit. Il faut, pour tout commentaire à de semblables écrivains, de rares et courtes notes grammaticales qui soient propres à jeter quelque lumière sur l'histoire de la langue. Tout ce qui excède la simple portée de ce travail n'est que l'étalage d'un luxe fastidieux et souvent nuisible.

Depuis que le plan immense de la satyre de Rabelais est connu et apprécié des bons esprits, tout le monde sait à quoi s'en tenir sur la fable ridicule à laquelle on veut plier ses ingénieuses inventions. M. Brunet vient de faire voir clairement, quoique sa modestie n'ait exprimé cette idée que sous une forme dubitative, combien il seroit convenable de rattacher à une nouvelle édition de ses ouvrages la première leçon des *Chroniques de Gargantua*, et je dois insister sur cette proposition pour éclaircir les expressions vagues et mal mesurées dont je me suis servi dans un article antérieur. Cet essai primitif n'a rien de commun avec les contrefaçons impertinentes qui parurent quelques années après, et où furent mis à contribution, sans goût et sans esprit, le double *Gargantua*, et le premier livre de *Pantagruel*. Sous ce nouvel aspect, Rabelais attend un nouvel éditeur, et ne demande qu'un bon glossaire.

La naïveté délicieuse des ravissantes *amours de Daphnis et Chloé* a été de plus en plus altérée par les imprimeurs modernes, qui ont sans doute regardé leurs variantes presque sacrilèges comme des merveilles de délicatesse et de correction ; mais cette profanation n'est rien auprès de celle des philologues, qui ont brodé sur ce canevas délicat l'insipide fatras de leurs scholies pédantesques. Eh ! qu'importe, grand Dieu ! que cet admirable Amyot ait suivi de plus ou moins près le sens douteux du meilleur manuscrit de Longus, et que la loupe philologique de M. Lancelot ait plus ou moins bien réussi à démêler ces vétilles verbales ! Ce n'est vraiment pas de cela qu'il est question ; quand on a le bonheur de reproduire la traduction d'Amyot. Elle n'avoit pas besoin d'être savante. Le roman de Longus est un livre assez joli en grec, et voilà tout. La version d'Amyot, qui vaut cent fois mieux, est un chef-d'œuvre inimitable de langue.

L'édition des *Essais*, donnée par M. Naigeon, et qui est modifiée d'après des notes authentiques, mais imparfaites et abandonnées de Montaigne, a l'avantage de reproduire fidèlement son orthographe, que M. Coste et ses pareils avoient défigurée avec une sollicitude barbare ; mais si la lexicographie de M. Naigeon a quelque mérite aux yeux de notre vieille littérature, sa philosophie ne vaut pas mieux que sa critique. La prétention d'un pédant qui fait Montaigne matérialiste et athée, parce qu'il se croit, lui pédant, athée et matérialiste, est une des monomanies les mieux caractérisées de notre histoire littéraire. On ne peut mettre au-dessus de cela, en fait de ridicule et d'absurdité, que le Commentaire des *Pensées de Pascal* par Condorcet, avec de prétendues notes de Voltaire. — Les auteurs du seizième siècle auxquels le dix-huitième a fait les honneurs de la réimpression, exigent donc des réimpressions nouvelles, qui ne seront jamais définitives, tant qu'on ne les aura pas émondées, autant que faire se peut, des mauvaises et prétentieuses interprétations de nos critiques, et de la mauvaise et ridicule orthographe de nos imprimeurs.

Le *Cymbalum mundi* de Desperriers a été réimprimé trois fois de 1711 à 1753, mais plutôt par égard pour sa rareté que pour son mérite, et de médiocres vignettes de Bernard Picart lui ont valu la plus grande partie de son succès. Aujourd'hui qu'il est regardé par les gens de goût comme une des productions les plus piquantes de notre littérature de la renaissance, il faut en donner aux amateurs une édition chaste et fidèle, avec des notes courtes et rares, qui ne sauront être à mon avis trop exemptes de vaines hypothèses et d'ambitieuse philologie. Mais ne faut-il pas aussi remettre en lumière cet excellent écrivain tout entier, ou du moins tels de ses ouvrages qui n'ont jamais été reproduits, comme ces charmants *Discours non plus mélancoliques que divers*, dont le titre de mauvais goût pourroit bien avoir différé la célébrité? Je conviendrai, si l'on veut, qu'ils ne lui appartiennent pas exclusivement, et qu'il faut en rendre quelques chapitres à Nicolas Denisot et à Jacques Pelletier, les amis de Bonaventure, et ses collaborateurs présumés dans le joli livre des *Contes* ou *Nouvelles récréations*; mais cette question, fort difficile à résoudre aujourd'hui, ne demande qu'un *avant-propos* de quatre lignes, et le reste de ces ingénieux mélanges qui ont servi de modèle, suivant moi, à l'admirable auteur des *Essais*, n'exige pas une note d'explication ou d'éclaircissement ; car il est peut-être impossible de citer dans toute la littérature de cette époque (1557), un seul texte de langue dont le style soit plus correct, plus clair, plus élégant, plus souple, et plus soutenu. J'ajouterai qu'ils empruntent de leurs sujets mêmes un attrait inexplicable qui en rendroit la réimpression fort bien entendue au milieu des études de notre temps, puisqu'ils sont presque entièrement consacrés à l'examen de ces questions d'histoire et de langage dont il est à la mode de s'occuper maintenant. Ces matières difficiles n'ont jamais été abordées avec plus de grace et de légèreté dans une discussion d'ailleurs forte et solide, et je ne connois point d'exemple d'une alliance plus heureuse de la mordante causticité de Rabelais avec le scepticisme grave et profond de Montaigne. C'est un de ces ouvrages substantiels et savoureux, si rares en tout pays, qui nourrissent l'intelligence en faisant sourire l'esprit.

Puisque j'ai parlé de Montaigne, oserois-je demander pourquoi nous n'avons pas encore une édition complette d'Étienne de la Boétie, cet autre *lui* que Montaigne préféroit à lui-même, et en qui la postérité moins prévenue aimeroit du moins à reconnoître le digne ami de Montaigne? En faisant une large part aux concessions libérales de l'amitié, l'homme que Montaigne a nommé *le plus grand de son siècle* mérite bien quelque place dans les archives littéraires des siècles suivans. Les grands hommes complets emportent volontiers dans leur immortalité un ami mort avant le temps; mais c'est le plus beau de leurs priviléges, et il ne faut pas le leur disputer, car nous pouvons juger par leur histoire qu'il rachète assez de douleurs.

Le style de la Boétie est bien loin de valoir celui de Montaigne, qu'aucun style n'a jamais valu. Il est roide, tendu, archaïque; il est âpre comme cette ame naïve et libre, qui ne fléchit pas même devant la mort, parce que toutes les vertus morales se réunissent en elles à toutes les vertus civiles; mais il est ingénu, ferme, éloquent, comme nous paroîtroit aujourd'hui la prose de Marcus Brutus et de Caton d'Utique, si nous avions conservé leurs livres, déjà regrettés des auteurs du dernier âge de Rome. Un homme de notre temps seroit appelé à se faire éditeur de la Boétie par des convenances de localités, par des sympathies de mœurs, de génie et de caractère, par une sensible analogie d'inspiration que modifie en M. Lainé la raison de l'expérience, et que relève au-dessus de toute comparaison la supériorité du talent. S'il est vrai que M. Lainé s'occupe de la Boétie, la mémoire de la Boétie n'aura rien à envier à toutes les gloires littéraires.

La question que je me suis proposée en commençant cet article, me mèneroit trop loin, si je voulois en poursuivre la solution jusque dans ses moindres détails. Elle me forceroit à citer trop de noms, à ramasser trop de preuves, à rapporter trop d'exemples, et si rien de tout cela ne manquoit à ma mémoire, l'espace manqueroit bientôt à ma plume, car il faut se restreindre; et telle est la destinée que la presse quotidienne a faite aux écrivains laborieux et pauvres, qui vivent comme elle au jour le jour, sans avoir en espérance un de ses splendides lendemains. Je ne finirai pas cependant sans rappeler au zèle de nos jeunes et déjà savants éditeurs, le nom d'un des meilleurs prosateurs, d'un des hommes les plus doctes et les plus spirituels du seizième siècle; génie naturel et fin, qui embrassa tout, qui réussit dans tout, qui rendit populaires les grâces méconnues de la science, en les embellissant des grâces du style, et qui seroit à lui seul en trois langues, l'honneur de trois littératures. Je n'ai presque pas besoin de nommer Henri Estienne. Le plus amusant et le moins instructif de ses livres (je ne parle pas ici du *Moyen de parvenir*, qui est certainement de lui, et qui n'est que trop réimprimé), l'*Apologie pour Hérodote*, a été reproduite à assez grand nombre dans l'édition de Leduchat, pour ne pas manquer de longtemps dans les bonnes bibliothèques. Mais qui nous a rendu l'excellent *Traité de la conformité du langage françois avec le grec*, le *Projet du livre de la Précellence du langage françois*, celui des *Proverbes épigrammatisés*, et ces inappréciables *Dialogues du langage françois italianisé*, qui seront toutefois pour la postérité le seul et curieux monument d'une des révolutions les plus mémorables qui aient jamais été observées dans l'histoire de la parole? Tous ces volumes indispensables aux études bien faites, sont devenus rares et chers, et on ne réimprime que Tabarin.

Si on vouloit savoir quel intérêt j'attache à cette discussion, dans laquelle je suis à peine entré pour l'indiquer aux bons esprits comme un sujet de méditations utiles, on m'entraineroit malgré moi au développement d'une pensée que je n'ai eu ni le temps, ni l'intention de développer nulle part, quoique je l'aie mise partout. J'aime mieux vous raconter hors de propos, et en deux mots, une historiette des vieilles annales romaines :

« Quand les patriciens furent informés que les Barba-

» res avoient triomphé de tous les obstacles, et qu'ils en-
» troient de toute part, ils congédièrent hors de la cité les
» femmes, les petits enfants, et les vieillards, en confiant
» à ceux-ci la garde des dieux, des choses saintes, *des
» livres sacrés, et des actes anciens où étoient renfermés
» les loix et l'histoire de la république.* Après quoi, ils se
» rendirent au milieu de la place où se tenoient les as-
» semblées du peuple, et s'assirent sur leurs chaises d'i-
» voire en attendant la mort. »

COMMENT LES PATOIS

FURENT DÉTRUITS EN FRANCE.

CONTE FANTASTIQUE.

Voici une des nouvelles les plus extraordinaires qui aient jamais été annoncées à un peuple civilisé.

Ce n'est ni l'éclipse, ni la comète, ni un volcan qui s'ouvre en grondant, ni un déluge qui déborde, ni la subite apparition d'un monde qui surgit comme l'Amérique de Colomb, ni l'anéantissement d'un peuple éteint, comme l'Atlantide de Platon.

C'est vraiment bien autre chose : c'est l'abolition d'une langue, du verbe incarné dans la parole de l'homme, de cette explicite intelligence qui lui a été communiquée par Dieu, pour le distinguer du reste de ses créatures. C'est le souffle immortel qui vous a donné le langage, étouffé de par Restaut, Wailly et Lhomond, sauf l'approbation de l'Université.

A compter de l'autre jour, il n'y a plus de patois en France, vingt-cinq millions de François sont intrépidement destitués de leurs idiomes naturels, pour parler comme vous et moi. Vous me direz que ce n'est pas grand'chose, mais c'est de la perfectibilité.

Non, il n'y a plus de patois. Ce langage naïf et doux qui nous venoit de nos mères, de nos nourrices, de nos premiers amis du village natal, et que nous avions tant regretté de perdre, quand la première simplicité en fut déflorée dans nos écoles, par le purisme ricaneur des pédants; cet idiome joli et fin qui suppléait avec tant de grâce aux lacunes du beau parler, et qui avoit toujours un mot spirituel à mettre à l'endroit où défailloient les ressources du dictionnaire, le patois n'existe plus.

Et vous allez me demander, qui a produit dans les langues cette révolution, unique depuis qu'il y a des langues? Est-ce un nouveau tyran plus ingénieux et plus puissant que Chilpéric? Est-ce Thot ou Theutatès, Hermès ou Trismégiste? Est-ce Palamède ou Cadmus? Ne seroit-ce pas seulement un autre Leibnitz, un autre Bacon?—Ce n'est rien de tout cela.

L'autorité qui a résolu cette grande impossibilité en quelques lignes de procès-verbal, c'est le comité d'arrondissement de Cahors. Cahors est une ville de France, jadis capitale du Quercy, chef-lieu de la préfecture du département du Lot, avec cour royale et tribunal de première instance, qui compte onze à douze mille habitans, et qui est située un tant soit peu par-delà le quarante-quatrième degré de latitude. Déjà célèbre par ses fabriques de draps et de ratines, par ses eaux-de-vie et par ses huiles de noix, son territoire produit d'ailleurs des truffes délicieuses et des vins noirs fort estimés qui sont exportés par Bordeaux en Angleterre et en Hollande. Cette cité enfin est l'heureuse patrie du pape Jean XXII, du divin poète Clément Marot, et des membres du comité d'arrondissement de Cahors.

Or, c'est du Sud aujourd'hui que nous est venue la lumière; et voilà pourquoi on est si généralement convenu en France de ne plus parler d'autre françois que celui qu'on parle à Cahors, je ne dis pas dans l'usage commun du petit peuple et des paysans dont l'aristocratie bourgeoise ne se soucie guères, mais dans les allocutions solennelles du comité d'arrondissement.

Si je savois quelque chose de plus récréatif à vous raconter pour le moment, j'y prendrais un grand plaisir. Il faut se contenter.

Comme il y a une multitude de bonnes gens qui croient savoir un peu de françois et quelques autres langues avec, et qui pensent naïvement qu'il n'entre pas dans les attributions d'un comité d'arrondissement de supprimer une langue, je ne peux me dispenser d'opposer leurs objections à la délibération d'ailleurs irréfragable du comité d'arrondissement de Cahors, qui n'est pas en peine de résoudre la question en marchant, comme le philosophe grec. Je me fais fort de ne pas oublier en cet examen l'impartialité sérieuse que j'ai coutume d'apporter dans ces discussions ardues. *Verbum impendere vero.*

« Le comité d'arrondissement de Cahors, considérant que... »

Voici déjà mes chicaneurs qui arrêtent le comité d'arrondissement administratif, à ce néologisme administratif, hideusement sorti d'un *patois* de bureaucrate qui ne vaudra jamais la langue d'*Oc*. «Eh quoi», s'écrient-ils, car ils ont une sorte de véhémence qui ne messied pas à la raison, surtout quand elle argumente contre une thèse *ab absurdo*, « vous procédez à une réforme en« treprise au nom de la pureté de la langue, et vous « débutez par un solécisme qui vous aurait fait chasser « des écoles il y a trente ans ! Tout le monde est libre de « ne pas considérer plus que de raison l'autorité du co« mité d'arrondissement de Cahors, mais personne n'a « le droit de dire en françois : je considère que le comi« té d'arrondissement de Cahors a pris une sotte délibé« ration. Ce seroit un double outrage à la grammaire et « à la politesse. »

Et qu'a-t-il considéré, le comité d'arrondissement de Cahors qui considère que ?

Il a considéré que l'usage du patois exerce une funeste influence sur la prononciation de la langue françoise, parce qu'il n'a pas considéré que le patois est au contraire l'intermédiaire essentiel de la langue françoise avec ses radicaux, et que si la prononciation de la langue françoise étoit perdue, il faudroit en chercher les principes régulateurs dans le patois.

Il a considéré que l'unité politique et administrative du royaume réclamait impérieusement l'unité du langage dans toutes ses parties (du langage ou du royaumot); et il n'a pas considéré que cet axiome si intrépidement établi n'a d'autorité ni dans l'histoire des anciens, ni dans l'histoire des modernes; qu'il a été démenti par les quatre souverains les plus imposans de tous les siècles, Alexandre, Auguste, Charlemagne et Napoléon; qu'à le réaliser, si faire se pouvoit, il mettroit la parole humaine à la merci de la plus sotte des dictatures, celle des phrases de la tribune et des barbarismes du bureau; que cette unité de langage, incompatible avec l'influence inappréciable des localités, avec la poésie intime des peuples, avec les facultés organiques de l'homme comme avec ses inspirations, et qui est bonne tout au plus à égayer d'un ridicule divertissant les folles utopies des linguistes, opposoit d'ailleurs aux efforts de tous les comités d'arrondissement du monde une petite difficulté qui mérite d'être prise en considération, une seule difficulté, je vous jure, mais une seconde difficulté du même genre seroit de trop. C'est qu'elle est impraticable et impossible.

Il a considéré que les dialectes méridionaux, quelque respectables qu'ils nous paroissent comme héritage de nos ayeux (mille grâces lui soient rendues pour cette concession obligeante!), n'ont pu s'élever au rang des langues écrites; qu'ils n'ont pas su formuler une grammaire ni fixer une orthographe; qu'ils n'ont produit aucun ouvrage remarquable, et que leur usage habituel à été signalé par des bons esprits comme une des principales causes de la supériorité littéraire du nord de la France sur le midi. — On comprend bien que je copie toujours. Ces choses-là ne s'inventent pas.

Et ici, les bras tombent d'étonnement, j'allois presque dire de terreur; ce qui m'autorise à varier la forme de l'examen que j'ai entrepris, pendant que je reprends péniblement haleine sur le sommet de cette période pyramidale.

Quoi! les dialectes méridionaux n'ont pu s'élever au rang des langues écrites, pas même dans les délicieuses poésies des troubadours, pas même dans ces belles épopées romanes auxquelles nous devons du moins l'Arioste, pas même dans ces chefs-d'œuvre gracieux et naïfs du plus joli des patois, que Jean Doujat, le plus savant des Languedociens, a cru dignes d'un glossaire, lui qui savoit écrire et parler toutes les langues connues? Et à qui vient-on signifier cette sentence provinciale au bénéfice de la centralisation? A nous autres, vieux explorateurs du langage et de la poésie, qui donnerions volontiers toute la rocambole quasi-grammaticale des comités d'arrondissement, pour un des *passatens* de Bellaudiéro, pour un *sounet* ou pour une *cansou* de Goudouli, pour un *noël* de La Monnoye.

Quoi! les dialectes méridionaux n'ont pas su formuler une grammaire ni fixer une orthographe? Elle n'est donc pas assez nettement fixée, l'orthographe de Pellas, de Sauvages, de ce bon et docte Doujat, dont je viens d'apprendre le nom au comité d'arrondissement de Cahors? Ils ne sont donc pas *formulés* avec une assez haute puissance de goût et d'érudition, puisque *formuler* il y a, ces beaux ouvrages de M. Raynouard, qui font l'admiration de l'Europe savante? et c'est à défaut d'une grammaire *formulée* que le patois du département du Lot est traîné, comme un vagabond sans passeport, devant le tribunal correctionnel des collèges! Dieu nous en donne une pareille!

Quoi! les dialectes méridionaux (et allons plus loin, car il ne faut pas abuser des priviléges de ce ravissant idiome que le comité d'arrondissement de Cahors a si cruellement renié pour le proscrire),—quoi! les patois de France n'ont pas produit un seul ouvrage remarquable! Quoi! Montpellier est assez avare de ses souvenirs pour n'avoir jamais parlé à Cahors des meilleurs chapitres de Rabelais! Quoi! l'académie des jeux floraux de Toulouse n'exerce plus assez d'influence locale, pour étendre jusqu'au département du Lot la renommée de Clémence Isaure et de ses belles muses languedociennes, toutes parfumées de lys, d'églantines et d'amaranthes! Quoi! tant de scènes charmantes de Cyrano, de Régnard, de Dancourt, de Marivaux, de Molière, du grand Molière, seront condamnées à subir à l'infini les interprétations forcées des grammairiens, comme la scène punique du *Pœnulus* de Plaute, parce qu'il aura plu au comité d'arrondissement de Cahors de traiter notre françois originaire, notre aimable langue maternelle, comme les Romains encore à demi-barbares ont traité le carthaginois! Ne trouvez-vous pas qu'il y a dans l'idée de supprimer les patois, je ne sais quoi qui porte à rire, et je ne sais quoi qui force à pleurer.

Et voyez le malheur auquel vous avez miraculeusement échappé! Si le comité d'arrondissement de Cahors avoit régi les études primaires de la Grèce antique sous Pisistrate ou sous Périclès (ceci est une pure supposition); s'il les avoit régies en ce temps-là, le comité d'arrondissement de Cahors, comme il régit aujourd'hui dans notre France universitaire; s'il avoit supprimé brutalement les dialectes provinciaux, comme il vient de supprimer les nôtres, par une délibération spontanée; *formulée à huis-clos*; signée: *Le comité d'arrondissement d'Athènes*, et plus bas: *Donnée en notre Athénée*, LE RECTEUR DE L'ACADÉMIE! je tremble, j'ai horreur de vous dire ce qui seroit advenu!... Nous ne saurions pas aujourd'hui qu'il fut un Homère!

Quoi! l'usage habituel des patois méridionaux a été signalé par les bons esprits comme une des principales causes de la supériorité littéraire des provinces du nord de la France sur les provinces du midi!...

Je le veux bien. C'est là un de ces procédés d'exquise urbanité dont le Sud est parfaitement maître de prendre l'initiative sur le Septentrion, et je lui en sais beaucoup de gré pour ma petite part de vanité arctique. Je n'ignore pas, toutefois, qu'une politesse en vaut une autre, et je m'en souviendrai mieux tout-à-l'heure en relisant Rabelais, Montaigne et Montesquieu.

Mais le comité d'arrondissement de Cahors se seroit-il persuadé par hasard qu'il n'y eût de patois en France que le patois languedocien, et que le Nord n'eût pas le malheur de parler des patois comme le Midi, car telle seroit la conséquence logique de cet énorme *considérant* ? Faut-il lui faire savoir, ou lui rappeler, que le *patois*, c'est la langue du pays ; que nous avons des patois, nous autres, comme les gens de Cahors ; que La Fontaine les parloit avec plaisir et La Monnoye avec esprit ; que ces patois, fort inférieurs en grâce et en énergie à celui dont ils font si bon marché, ont cependant pour le moins autant d'énergie et de grâce que sa langue municipale, et que les *bons esprits* dont ils nous fait peur, pèchent singulièrement par l'esprit s'ils ont avancé autre chose ? A considérer le patois comme un obstacle au progrès littéraire, il n'y a véritablement pas de raison pour que les écrivains du Nord l'emportent de beaucoup sur Montesquieu, Montaigne et Rabelais.

Ce que d'excellens esprits ont soutenu, c'est que si la langue d'Oc avait prévalu, celle que nous parlons seroit peut-être plus élégante, et plus harmonieuse, et plus riche ; c'est que nous n'en aurions pas moins Racine, Molière et Fénélon, avec quelque attrait de plus que notre dialecte sourd et muet leur a refusé. C'est l'avis de tous ceux qui se connoissent au méchanisme de la parole et du style, en exceptant, comme de raison, le comité d'arrondissement de Cahors. Et comprenez, s'il est possible, quelque chose de plus accablant pour la pensée que cette délibération ! C'est que si le comité d'arrondissement de Cahors qui avoit le choix, s'étoit ingéré de supprimer administrativement dans tout le territoire de 362 lieues carrées qu'il éclaire de ses lumières, en vertu de ses brevets et des privilèges de l'université, l'usage du françois vulgaire, il auroit fait une chose mille fois plus patriotique, mille fois plus méritoire, mille fois plus rationnelle.—Je ne le lui conseille pas.

Non, messieurs, je vous le jure ! vous ne supprimerez pas les patois, vous ne supprimerez point de langues ! Les langues ! elles meurent à leur jour comme les rois, comme les dynasties, comme les nations, comme les mondes et les soleils, comme les comités d'arrondissement ;

mais les hommes n'y peuvent rien. Dieu a voulu que les uns prononçassent *schibolett* et les autres *sibolett*, et jamais comité d'arrondissement ne s'est rencontré qui pût les forcer à se désister de cette résolution. On parlera long-temps après vous le languedocien qui vous déplait, le basque et le bas-breton, qui sont des langues plus spéciales, je ne sais pas si vous le savez, et qui ont l'avantage de posséder des grammaires très bien *formulées*. Et puis on parlera d'autres langues encore que l'Université n'aura pas faites, et que vous n'entendriez ni plus ni moins que les langues du passé.—Et puis, on ne parlera plus des universités, des recteurs et des comités d'arrondissement. C'est le train éternel des choses du monde!

Non, messieurs! aucune langue ne mourra de mort légale et juridique, en face d'un lycée, garottée, bâillonnée, plastronée d'un écriteau de condamnation barbouillé sur le pupitre d'un pédant! Jamais un recteur, assisté de deux cuistres, ne la jettera dans l'éternité, au nom du roi et de justice! Les langues sont plus vivaces : on ne les tue pas.

Laissez-nous donc les patois, s'il vous plait, messieurs de Cahors! Laissez-les nous par grâce! ils nous dédommageront du moins un peu du bon françois d'aujourd'hui!

DES ANNALES

DE L'IMPRIMERIE DES ALDES;

PAR M. CH. NODIER.

PARIS,

TECHENER, LIBRAIRE, PLACE DU LOUVRE, N° 12.

Mai 1835.

ANNALES

DE L'IMPRIMERIE DES ALDES;

Par M. RENOUARD.

Je vous prie de croire que nous ne pouvons guères nous faire idée aujourd hui de ce qu'étoit un imprimeur, dans les années qui suivirent la découverte de l'art. Pour y parvenir, il faut d'abord se représenter un homme profondément versé dans toutes les bonnes études de son temps; nourri des langues classiques au point de se les être appropriées comme si elles lui étoient naturelles; exercé à la lecture des manuscrits, à la comparaison des textes, au choix des variantes, à l'élaboration des scholies, aux modalités des dialectes, aux règles fondamentales et rationnelles des orthographes. Il devra réunir à des notions étendues sur les sciences de l'antiquité, sur les arts, sur les monuments, sur l'histoire, ce tact exquis et rare qui discerne le cachet d'un écrivain original dans une leçon sincère, à des formes de style, à des tours de phrase, à des habitudes d'élocution, à des qualités, à des défauts insaisissables pour le vulgaire. Il sera obligé de voyager de *Codex* en *Codex*, de bibliothèque en bibliothèque, de pays en pays, pour collationner un passage douteux, pour éclaircir une difficulté, pour vérifier une conjecture; et comme aucune capacité humaine ne peut embrasser les spécialités innombrables qui se rattachent à son industrie, il appellera Badius de la Flandre, Erasme de la Hollande, Chalcondyle de la Grèce; il s'environnera de toutes les célébrités contemporaines pour concourir à des travaux qui lui assurent l'immortalité. Ce n'est pas tout. Riche des trésors du passé, il leur devra une consécration digne d'eux dans les œuvres de l'art miraculeux qu'il pratique, et son but n'est atteint qu'à moitié, si le volume sorti de ses presses, ne va pas frapper l'avenir d'étonnement et d'admiration. Pour réussir dans ce projet glorieux, il choisira parmi les écritures antiques celle dont le caractère, tracé avec amour par le pinceau du calligraphe, joint au plus haut degré l'élégance et la netteté; il en fixera la figure, il en assortira les proportions, et il confiera la gravure de ses poinçons précieux à l'habile burin d'un Nicolas Jenson, d'un François de Bologne ou d'un Claude Garamond. Ces beaux types, relevés par l'éclat d'une encre pure, brillante, indélébile, charmeront, dans dix siècles encore, les regards de nos descendants, grâce au papier souple, élastique, retentissant, presque inaltérable qui en a reçu l'empreinte, sous un tirage dont l'harmonieuse régularité feroit croire que toutes les feuilles, frappées du même coup de barre, ont passé à la fois de la planche au séchoir. Tant de soins, de travaux et de frais aboutissoient rarement à la fortune; car ces dispendieux chefs-d'œuvre de typographie, consacrés à l'utilité publique par le plus noble désintéressement, ne rendoient au docte artisan que de modiques bénéfices; mais qu'importoient les douceurs d'une fortune oisive et stérile à qui savoit vivre honorablement de son labeur, et en léguer l'amour à ses enfants comme le plus fructueux des héritages? L'imprimeur n'avoit point alors en vue pour son fils les hautes fonctions de la finance, de la magistrature ou du gouvernement. Il lui laissoit en apanage, ses presses et son insigne, son savoir et sa renommée; et telle étoit la dignité de sa profession qu'un prénom illustre se transmettoit d'âge en âge dans sa famille, sous un chiffre d'ordre, à la manière des dynasties princières. Les souverains eux-mêmes relevoient de leurs protections et de leurs faveurs les privilèges d'un art sublime. Sixte IV avoit décerné à Jenson le titre de *comte Palatin*; Philippe II témoigna qu'il ne connoissoit rien au-dessus de celui d'imprimeur, en nommant Christophe Plantin son *architypographe*; on avoit vu souvent François Ier, debout et silencieux dans l'atelier de Robert Estienne, attendant pour lui parler qu'il eût corrigé une épreuve. Cela est un peu changé de nos jours, et il faut convenir, pour être juste, que ce n'est pas seulement la faute des rois.

La seconde partie de cette comparaison est moins agréable à écrire, et je m'en désisterois tout à fait si je pouvois craindre que le lecteur n'y établit pas de lui-même quelques-unes de ces rares exceptions qui servent d'ailleurs à confirmer les règles générales. L'imprimeur, pris au hasard dans les généralités dont je parle, n'est plus cet ingénieux explorateur des œuvres de l'esprit que nous avons vu tout-à-l'heure. Ce n'est plus même un ouvrier soigneux, jaloux de porter à un certain degré de perfection relative une besogne consciencieuse. C'est un monopoleur à brevet qui vend de sales chiffons hideusement maculés de types informes à quiconque est assez sot pour les acheter. N'essayez pas de réveiller en lui un juste sentiment d'orgueil en lui rappelant les glorieuses origines de la typographie, car il ne sait pas au juste si elle date de Jules César ou de Charlemagne. Ne lui demandez point son opinion sur le manuscrit ancien ou récent qu'il livre à ses manœuvres. Il a de bonnes raisons pour ne pas vous en informer; c'est qu'il n'a jamais étudié ni le grec, ni le latin, ni l'orthographe même du méchant patois que le libraire son voisin, ou si vous voulez son complice, a payé pour du françois. Ces deux honnêtes gens n'ont pour objet, ni l'un ni l'autre, le progrès des lumières et l'avantage des lettres. Ils n'attachent pas plus d'importance, l'un au perfectionnement matériel de son art, l'autre à l'illustration morale de son négoce. C'est pour gagner le plus d'argent possible que celui-ci achète à vil prix un mauvais fatras qu'il fait prôner plus chèrement, et que celui-là le gâche en disgracieux volumes aussi indignes des bibliothèques par la forme que par le fond. Si quelque étrange curiosité vous entraîne à ouvrir un livre nouveau, soyez attentif à tourner d'un doigt prudent ses pages cotonneuses, et surtout ne les soumettez pas sans d'excessives précautions au fil tranchant du plioir qui ne séparera deux feuillets qu'en se chargeant de leurs lambeaux. Ce misérable haillon qu'on appelle du papier par un euphémisme ironique, bien qu'il ait à peine changé de nature dans les formes du papetier, doit la faveur dont il jouit auprès des successeurs d'Elzévir (Dieu me pardonne ce blasphème !) à des raisons d'économie. Sa pâte molle, fongueuse et altérée comme l'éponge, qui s'imbibe avidement des flots boueux d'une encre sans consistance et presque sans couleur, épargne d'autant le bras débile d'un pressier au rabais, et les ressorts vermoulus d'une vieille pressée; il suffira pour absorber le liquide dégoûtant dont le tampon les abreuve avec parcimonie, qu'elle essuie sans les fouler ces têtes de clous rompus qui usurpent dans la casse le nom de caractères, et dont on ne distingue plus la figure qu'à des linéaments grossiers et confus, mais qui, grâce à cette précaution sordide, sont destinés à exprimer tant bien que mal dans leurs combinaisons les caprices variés de la pensée humaine, jusqu'au jour peu éloigné où leur empreinte hétéroclite défiera le savoir et la patience des Champollions. Rendez pourtant justice à la pudeur du typographe compatissant, qui épargne autant qu'il en est capable à vos yeux fatigués le maussade aspect de son grimoire, en éclaircissant ses lignes illisibles sur un large fond moins offensant pour la vue. Il n'a plus en effet qu'un progrès à faire, et il y touche déjà, pour vous vendre des livres tout blancs, et plût à Dieu que la plupart des livres que l'on compose aujourd'hui eussent été réservés pour cette heureuse période! Mais n'imaginez pas que ces amples espaces où les mots apparaissent rares et dispersés, comme les nageurs de Virgile, *in gurgite* verso, que ces *verso* impollus, ou tout au plus estampillés dans leur centre d'une épigraphe monosyllabique, que ces marges splendides qui débordent de toutes parts une *justification* écourtée, soient une concession aux goûts du luxe ou aux commodités du travail. Cela étoit bon du temps où les savants pouvoient écrire une scholie instructive à côté d'un texte difficile ou corrompu, pour l'éclaircir ou le corriger, utile et précieuse broderie qui augmentoit la valeur d'un livre supérieurement imprimé de celle d'un bon manuscrit. Maintenant la plume élégante et déliée de Scaliger, de Guyet, de La Monnoye ou de Racine, ne déposeroit pas l'encre sur le prétendu papier de la plupart de nos fabriques, sans le contaminer d'une tache ineffaçable. Ce qui détermine cette apparente prodigalité du bibliopole, c'est le besoin de *tomer*, et de vous vendre au tarif exorbitant de l'*in-octavo* quelques pages élastiques, disloquées, comme les victimes de Procuste.

Ainsi s'accomplit en moins de quatre cents ans le cercle mystérieux dans lequel le premier des arts de la civilisation devoit fournir ses destinées, car ce qui en reste à la génération actuelle n'est plus que le patrimoine de quelques honorables familles qui emporteront le secret de Guttemberg avec elles, et déjà la typographie n'offre guères plus de moyens de conservation que l'écriture aux ouvrages de l'esprit. On peut du moins affirmer qu'il sort à peine un volume sur cent des presses contemporaines qui puisse atteindre matériellement et en nature à une durée d'un quart de siècle. Il suffit, pour s'en convaincre, de jeter les yeux sur un roman à la mode qui a subi l'unique épreuve d'une lecture, et auquel il ne manque plus que peu de jours d'exposition à une température humide, ou peu de mois à subir la négligence oublieuse du propriétaire, pour passer du pupitre ou du sommo dans la hotte du chiffonnier. Je suis fâché d'être contraint à le dire; mais ce court espace de temps est pour nous tous tant que nous sommes d'ouvriers de la parole, la mesure extrême d'un bail de gloire littéraire.

Il est vrai qu'avec le plus grand nombre des auteurs en crédit, la gloire n'attendra probablement pas jusques-là pour résilier.

Nous voilà bien loin des Manuce, dont il faut que je parle un moment pourtant dans un article qui leur est consacré. Toutefois, comme l'excellent ouvrage de M. Renouard ne laissera rien à désirer sur les innombrables services que cette illustre famille a rendus aux lettres, je me contenterai d'en signaler quelques-uns qui lui donnent des droits incontestables à la reconnaissance publique.

Quand Alde Manuce l'ancien fonda son magnifique établissement à Venise, l'imprimerie n'employoit que deux caractères, celui que nous appelons gothique, et dont l'équivalent s'est conservé jusqu'à nos jours dans la typographie allemande; celui que nous appelons romain, et qui a prévalu depuis long-temps chez tous les peuples avec lesquels l'alphabet latin nous est commun dans l'usage.

Le vieux Manuce adopta la lettre désignée depuis sous le nom d'*aldine* ou d'*italique*, dont la forme cursive et coulante se rapprochoit davantage de l'écriture ordinaire des beaux manuscrits italiens, et qui est restée le plus parfait modèle connu de la nôtre. Si l'on considère que l'exacte analogie de cette lettre imprimée avec la lettre écrite, faisoit disparoître toutes les difficultés que dût présenter d'abord la lecture des livres, et qu'elle retrancha par exemple du temps donné aux travaux scholaires tout celui que nos enfants perdent encore à étudier de nouveau les configurations du signe dans les textes écrits après les avoir péniblement apprises dans les textes imprimés, on comprendra sans peine l'influence de cette heureuse innovation sur les études classiques. C'est peut-être là qu'il faut chercher en partie l'explication de leur popularité subite et de leurs merveilleux progrès dans les républiques italiennes, au commencement du seizième siècle.

Au format des premières productions de l'art typographique, il sembleroit qu'elles ne furent destinées qu'à enrichir les spacieuses librairies des rois, des grands, des institutions académiques ou enseignantes, et des corps religieux. Tous les chefs-d'œuvre des littératures antiques parurent d'abord dans l'appareil majestueux, mais incommode de l'*in-folio*. Rarement l'in-4° dédaigné osa figurer à l'ombre de ses gigantesques voisins, et les autres dimensions du volume n'existèrent pour ainsi dire que par *specimen*. Alde l'ancien peut donc réclamer hardiment l'invention de l'in-8°, non pas vraiment de cet *in-8°* monstre auquel la librairie moderne est si affectionnée, et dont elle étale avec orgueil dans ses moindres brochures, les proportions cyclopéennes, mais de l'in-8° svelte, élégant, gracieux que l'art a mesuré avec une bienveillance exquise à la poche du promeneur. De cet ingénieux perfectionnement date la multiplication des livres et l'établissement simultané de cette innombrable quantité de petites bibliothèques qui portèrent partout l'amour des bonnes études. Si le format primitif avoit conservé son crédit, il est probable que les lettres auroient beaucoup gagné en gravité, et je n'y verrois pas grand mal; mais il est certain qu'elles auroient pénétré bien plus difficilement dans les classes inférieures. Les produits de la typographie ne seroient que des monuments.

C'étoit peu d'avoir rendu l'intelligence des livres accessible à tous par l'adoption d'un alphabet déjà vulgaire; c'étoit peu d'avoir donné des ailes à la publicité en jetant dans la circulation un format portatif et commode, qui s'approprioit à merveille aux plus petites collections. Que dis-je? ces brillantes découvertes seroient devenues aussi préjudiciables à la société qu'elles lui furent avantageuses, si les inventeurs alléchés par un vil besoin du gain, les avoient fait servir à l'évulgation des mauvais écrits qui altèrent le goût, et des écrits dangereux qui corrompent les mœurs; mais le choix scrupuleux des ouvrages qui se succédoient sous ses presses infatigables, étoit alors le premier soin du typographe. Cela est vrai surtout des six familles patriciennes, je dirois volontiers royales de l'imprimerie, les Alde, les Junte, les Estienne, les Plantin, les Elzévir et les Didot, dont le labeur séculaire a reproduit six fois, dans des éditions nombreuses, tous les classiques anciens et modernes qui avoient flori jusqu'à elles; de sorte qu'on peut s'adresser presque indifféremment aux unes ou aux autres pour se composer une bibliothèque spéciale des chefs-d'œuvre de l'esprit humain.

Le premier in-8° du vieux Manuce, le premier volume exécuté en 1501 avec son admirable italique, ce fut Virgile; et trois ans après, Homère, Sophocle, Euripide, Horace, Perse, Juvénal, Martial, Lucain, Stace, Ovide, Catulle, Tibulle, Properce, Valère-Maxime, Pline le jeune, Salluste, Dante et Pétrarque avoient paru. Cicéron, l'auteur favori de Paul, qui avoit surpris tous les secrets, deviné tous les artifices de son style, ne sortit presque point pendant la longue période manutienne, de la main des compositeurs. L'ancre aldine décore cent quatre-vingt-cinq tomes de ce seul écrivain.

Ajouterai-je, sinon pour saisir l'occasion trop facile d'une comparaison offensante, du moins pour ne pas négliger en passant une particularité curieuse, que ce magnifique Virgile de 1501, dont des exemplaires mutilés se sont payés dernièrement *quatre cents francs* dans des ventes célèbres, coûtoit alors *trois marcelli* dans la boutique d'Alde? *Trois marcelli* valoient quarante-un sous, moins un centime, de notre monnoye actuelle.

La biographie n'a pas été ingrate envers nos grands typographes. Elle leur a élevé d'immortels monuments dans l'ouvrage de Maitaire sur les Estienne, dans celui de Bandini sur les Junte, dans celui de M. Renouard sur les Alde, que l'opinion des savants a placé depuis longtemps fort au-dessus des deux autres. Rien n'y manque en effet à l'intérêt de la partie historique, dont les développements jettent de si grandes lumières sur l'histoire littéraire du seizième siècle. La partie bibliographique est telle qu'on pouvoit l'attendre de la sollicitude opiniâtre et éclairée d'un riche amateur qui a tout recueilli pour tout connoître et pour tout décrire; et si le hazard vouloit qu'elle laissât quelque chose encore à désirer sous le rapport du complet absolu, c'est que ce genre de perfection est peut-être impossible à atteindre dans la science des faits. Les tables sont nombreuses, instructives et bien disposées, les accessoires curieux et de bon goût. La nouvelle édition, infiniment améliorée d'ailleurs, et enrichie d'un excellent tableau des éditions juntines qui n'avoit été qu'ébauché dans la précédente, se présente sous un format plus compacte qui n'a toutefois rien d'insolite et d'embarrassant, et qui en facilite l'usage. Enfin, ce beau volume, tout-à-fait hors de ligne parmi les productions de l'imprimerie courante, est très convenablement exécuté avec des caractères neufs sur un papier ferme et durable.

On saura gré sans doute à M. Renouard d'offrir en même temps aux amis des presses aldines le recueil des *Lettres inédites* de Paul Manuce, nouvellement rassemblées par M. Tosi, savant libraire de Milan. Les affaires les plus privées, les pensées les plus intimes d'un tel homme ont leur importance et leur attrait pour ceux qui savent l'apprécier. Je le remercie plus particulièrement en mon nom d'avoir respecté religieusement l'orthographe incertaine et capricieuse de l'écrivain, parce que ces variantes singulières sont autant de monumens vivans des essais d'une langue qui se forme et parce qu'elles prouvent surtout que l'habile éditeur, si jaloux de fixer d'une manière invariable dans ses livres les véritables signes de la parole et de l'écriture, se livroit volontiers dans la familiarité d'une communication sans apparat aux agréables licences de la langue vulgaire. C'est à propos de ce doux abandon du commerce épistolaire qu'Urceus Codrus s'écrioit avec tant d'esprit et de jugement : *O quam dulce est ad amicum scribere qui non quærat nodum in scirpo, et apud quem possis interdùm solœcizare!* Dieu veuille nous faire ces loisirs de l'homme de lettres sans contrainte, qui se délasse de son métier!

Les *Annales de l'imprimerie des Alde* sont du petit nombre des livres contemporains qui n'ont pas besoin de prôneurs. Leur mérite a été constaté par une épreuve plus infaillible et plus éclatante que les ovations bénévoles des journaux. C'est avec le *Manuel du libraire* de M. Brunet, le seul ouvrage françois sur la Bibliographie qui soit parvenu en quelques années à sa troisième édition. Elles ne doivent qu'à elles-mêmes le succès qu'elles ont obtenu; ce succès n'a été grand que parce qu'il étoit mérité; et c'est le plus bel éloge qu'on puisse faire d'une œuvre d'esprit dans ces jours de trafic et de scandale, où la plupart des succès littéraires ne sont qu'une sotte mystification faite aux provinces, par la déplorable collusion de la presse périodique et de la presse *librivôme*.

Paris, Imprimerie de BRUN, rue du Mail, n° 5.

DES ARTIFICES

QUE CERTAINS AUTEURS ONT EMPLOYÉS

POUR DÉGUISER LEURS NOMS.

PAR M. CH. NODIER.

PARIS,
TECHENER, LIBRAIRE, PLACE DU LOUVRE, N° 12.

Juillet 1835.

DES ARTIFICES

QUE CERTAINS AUTEURS ONT EMPLOYÉS

POUR DÉGUISER LEURS NOMS.

Je n'ai pas dessein de recommencer ici en quelques pages le long volume d'Adrien Baillet sur les *auteurs déguisés*. C'étoit, à vrai dire, un sujet singulier et piquant, et tel même qu'Adrien Baillet l'a traité, la matière d'un livre aussi amusant qu'instructif pour les lecteurs qui s'occupent d'histoire littéraire et de bibliographie. Malheureusement l'histoire littéraire du temps de Baillet se réduisoit aux faits qui intéressent la philologie des langues classiques, seule étude en France du seizième et du dix-septième siècles. Aujourd'hui que la langue démotique et la langue hiératique des Égyptiens ont détrôné jusqu'au Chinois, et que le règne des abstracteurs de quintessence grégeoise et latiale est irrévocablement passé, les auteurs cryptonymes de Baillet ne sont ni plus ni moins connus sous un de leurs noms que sous l'autre, et il n'y a guères d'érudits émérites, même à l'académie des inscriptions et belles-lettres, qui se soucient plus de Politien que d'Ange Bassi, et de Volaterran que de Raphaël Maffei. Ce que nous voudrions savoir maintenant, c'est le secret du déguisement de ces auteurs surannés qui débrouilloient à la suite de Villon l'art *confus de nos vieux romanciers*, et qui étoient pour le moins aussi indifférents au siècle de Baillet que les latinistes de Baillet le sont au nôtre. Le goût de cette bonne et naïve littérature qu'on appeloit encore *gauloise*, il y a quelques années, a prévalu de nos jours, et les amateurs de broutilles littéraires, marquées au coin de la vétusté, ne sont pas près de se lasser d'élucubrations bibliographiques. Le temps seroit donc favorable à la publication d'une *clef* des pseudonymies si multipliées alors, et je la recevrois pour ma part avec un plaisir infini des mains d'un homme de savoir, qui seroit capable de répandre quelque agrément sur ces matières ardues. On voit que j'ai d'excellentes raisons pour ne pas la donner moi-même. Je me propose seulement d'en dire quelques mots en passant, ne fût-ce que pour éveiller et stimuler des souvenirs plus féconds :

Non licet omnibus adire Corinthum;

mais il n'est pas absolument nécessaire d'être allé à Corinthe pour en indiquer le chemin.

Le desir de déguiser un nom trivial et mal-sonnant sous un sobriquet euphonique, flanqué de la particule nobiliaire, est une vanité plus moderne, et Dieu garde de mal tous les écrivains françois, gentillâtres ou vilains, qui ont ainsi abdiqué parentelle et patronymie, pour aller plus harmonieusement à la gloire, sous la protection de quelques syllabes retentissantes. D'Arouet, il n'en est plus question, et l'on n'oubliera jamais Voltaire. Tout le monde connaît Dancourt, Marivaux, Crébillon, Voisenon, La Chaussée, Sainte-Foix, et besoin est de posséder un peu d'érudition onomatologique pour retrouver ces illustres personnages dans Carton, Carlet, Jolyot, Fusée, Nivelle et Poulain. Leurs vieux prédécesseurs n'étoient pas si fiers. Toutes leurs inutiles pseudonymies, si artistement recherchées, paroissent plutôt l'artifice de la modestie qui se lasse de la publicité quotidienne d'un nom traîné dans les boutiques et dans les conversations, que le caprice d'en changer : modestie, non sévère et presque bigote, comme celle de ces graves solitaires de Port-Royal, dont le sourcilleux scrupule a si mal réussi à dissimuler sous les noms de Royaumont, de Damvilliers et de Montalte, ceux de Le Maître de Sacy, de Nicole et de Pascal; mais pudique et peut-être coquette, comme celle de la nymphe qui s'enfuit derrière les saules en désirant d'être vue.

Ce n'est pas que l'éclat d'un titre féodal n'ait tenté quelquefois l'orgueil d'un faquin de cette époque, tout aussi bien qu'il l'a fait depuis; seulement les exemples en sont plus rares ; il faut bien chercher pour trouver Bluet d'Arbères, *comte de Permission*, et chevalier des ligues des treize cantons suisses, mais c'étoit une espèce de mendiant vagabond à demi-fou et complettement imbécile ; ou Nicolas Joubert dit Angoulevant, *prince des Sots*, mais c'était un histrion titré par lettres-patentes ; et il n'y a guères de noblesse mieux avérée que celle-ci, car elle a été reconnue par un arrêt du parlement de Paris, à la date du 19 février 1603, sur le plaidoyer du docte avocat maître Julian Peleus. Quant à Estienne Tabourot et Nicolas Denisot, écrivains d'une tout autre volée, la *seigneurie des Accords* du premier n'étoit qu'une allusion au *tabour* ou tambour dont il avoit fait, par manière de rébus, le corps de sa devise; le faux nom de *conte d'Alsinois* que prit le second n'étoit qu'une rencontre fortuite d'anagramme.

La traduction du nom dans une langue savante seroit aujourd'hui un moyen piquant de se déguiser : l'érudition des lecteurs ordinaires ne va plus jusqu'à pénétrer de pareils mystères; mais à l'époque dont nous parlons, c'étoit plutôt, pour quelques pédants ingénieux, un moyen commode et sûr d'étendre leur publicité et de multiplier leurs titres. C'est ainsi que Reuchlin se fit double sous le nom de *Capnion*, et son neveu Schwartzerde sous celui de *Melanchton*. C'est ainsi que Chandieu se tripla sous les noms de *Sadeel* et de *Zamariel*, et le Breton *Penfentenyou* sous ceux de *Capite Fontium* et de *Cheffontaines*. Tout cela n'étoit guères moins intelligible alors que les simples initiales S. G. S. ou G. C. T. qui n'ont jamais fait méconnoître à personne *Simon Goulard, Senlisien*, et *Gabriel Chapuis, Tourangeau*.

L'artifice le plus commun des poètes de la renaissance est le surnom si visiblement emprunté aux traditions romanesques de la chevalerie, comme dans Amadis, *chevalier de l'Ardente Épée*, qu'imita depuis don Quichotte, *chevalier de la Triste Figure*. Gringore lui-même est aujourd'hui moins connu que *Mère sotte*, et Bouchet que *le Traverseur des voies périlleuses*. Il faut peut-être avoir plus d'habitude de notre ancienne littérature pour reconnoître d'Amboise dans *l'Esclave fortuné*; François Hébert, dans *le Banny de Liesse*; Jehan Chaperon, dans *le Lassé de repos*; Jehan Leblond, dans *l'Humble Espérant*; Antoine du Saix, dans *l'Esperonnier de discipline*; Gilles d'Aurigny, dans *l'Innocent égaré* ou dans *le Pamphile*. Ces pseudonymies n'étoient qu'un jeu pour le XVI⁰ siècle, qui comptoit plus d'amateurs de livres et plus d'amateurs de poésie que le nôtre.

Une chose qui démontre que cette innocente supercherie était suggérée par l'influence alors toute-puissante du roman chevaleresque, c'est qu'elle concourt d'ordinaire avec l'emploi de la devise tracée au frontispice ou à la souscription des ouvrages anonymes, comme sur l'écu d'un paladin couvert de sa visière, et telle que le blason nous l'a conservée dans les armoiries du moyen-âge. C'est ainsi que *l'Humble Espérant* avoit pour cri d'armes dans ses joutes poétiques : *Espérant mieulx !* Clément Marot, *La mort n'y mord*, et il ne se trompait point sur sa renommée à venir ; Herberay des Essarts, *Acuerdo Olvido* (souvenance et oubli) ; et celui-ci embrassoit dans ses prévisions plus limites, les deux destinées du poète. La dernière partie de sa légende lui est restée en toute propriété. Elle convient merveilleusement au plus grand nombre de ses contemporains et de ses successeurs.

Quelquefois par un raffinement qui les rendoit plus diaphanes, la devise ou le surnom renfermoit le nom même dans les replis d'un anagramme, comme *Vrai prélude* ou *La vrai perdu*, *Bel art d'ange* et *Bonté n'y croist*, où l'on retrouve aisément Pierre Duval, Abel d'Argent et Benoist du Troncy. L'anagramme servoit plus souvent encore à traduire simplement le nom d'un auteur sous un nom factice qui avoit l'attrait de l'énigme sans en avoir la difficulté, ainsi que nous l'avons vu en Nicolas Denisot, devenu *Conte d'Alsinois*. Il n'y a en effet rien de moins embarrassant quand il s'agit d'un écrivain fort connu, comme François Rabelais travesti en *Alcofribas Nasier*, Noël du Fail en *Léon Ladulfi*, et même Guillaume des Autels en *Glaomalis de Vezelet*. Quant au chevalier de Cailly qui a pris la peine d'intervertir deux lettres de son nom pour publier ses jolies épigrammes sous celui de chevalier d'*Aceilly*, on ne comprend guère quel espèce de sel un homme d'un esprit aussi délié a pu trouver dans cette insignifiante métamorphose, qui pourroit passer au besoin pour une simple erreur de copiste. La solution de ce problème puéril n'offroit quelque obstacle réel qu'à l'égard de ces littérateurs sans renommée dont la signature la plus explicite auroit conservé presque tout le mystère de l'anonyme, tels que Jehan d'Ivry, Jehan Tabourot et Nicolas de Montreulx, qui ne sont pas beaucoup moins obscurs sous leurs noms véritables que sous ceux de *Riand-Jhevp*, de *Thoinot Arbeau* et d'*Ollenix de Mont-Sacré*.

Mais l'anagramme étoit alors de mode, l'anagramme dont Guillaume Colletet a dit avec tant de raison :

  Cet exercice monacal
  Ne trouve son point vertical
  Que dans une tête blessée,
  Et sur Parnasse nous tenons
  Que tous ces renverseurs de noms
  Ont la cervelle renversée.

Les exemples en sont devenus rares dès le dix-huitième siècle, au moins dans les ouvrages sérieux, et le philosophe *Telliamed*, ou de Maillet, est peut-être le seul qui se soit avisé d'en maculer le frontispice d'un livre de sciences.

L'acrostiche partageoit la vogue extravagante de l'anagramme dans cette littérature jeune et fantasque, et il n'est pas plus difficile à expliquer, quand on en cherche le secret. Il consistoit pour l'ordinaire dans une pièce de vers qu'il suffit de découvrir, et dont les initiales donnent le nom de l'auteur, omis à dessein sur le titre. C'est ainsi qu'Isabeau Faulcon en a usé dans le *Faulcon des dames*, Gringore dans le *Château de Labour*, Corrozet dans le *Blason du mois de mai*, Louvan Gelliot dans la *Vraye-disante, advocate des dames*, et Mathieu Malingre, dans la *Moralité de la maladie de chrétienté*; le premier au commencement de son ouvrage, et les autres à la fin, si ma mémoire ne me trompe, car j'écris fort loin de mes livres et de tous les livres possibles. Il n'y a pas de mal d'ailleurs à laisser quelque vérification à faire aux curieux qui possèdent quelques-unes de ces insignes et frivoles raretés. L'exercice dont ce travail amusera leur oisiveté, sera probablement le seul avantage qu'ils tireront de leurs inutiles trésors; ceci soit dit sans blâme pour une manie gracieuse et innocente qui en vaut toutefois bien d'autres.

Mais l'acrostiche étoit quelquefois enveloppé de ténèbres moins visibles, et je rapporterai à ce sujet une petite anecdote qui éclaircira ce singulier artifice. Il n'y a pas long-temps que je découvris chez un de ces libraires de province dont toute l'érudition se borne à la connoissance de quelques titres (on sait bien qu'il n'en est pas de même à Paris), un exemplaire de l'édition originale du *Songe de Poliphile*, *Hypnerotomachia Poliphili*, et que je m'extasiai sur cette célèbre merveille de la typographie et de la gravure en bois; elle rappeloit à mon bibliopole un autre sujet d'admiration sur lequel il ne tarissoit pas de louanges. Il avoit connu, mortel fortuné! un savant si versé dans l'étude des livres antiques et si sûr de sa mémoire, qu'il pouvoit nommer d'avance la lettre initiale de chaque chapitre : « Cette faculté n'est » pas si rare que vous le pensez, interrompis-je froide- » ment, et je serai assez fier de vous inspirer le même » enthousiasme pour m'exposer à la même épreuve. » Je m'en tirai en effet de fort bonne grâce, au grand étonnement de ce bon homme, qui m'écoutoit la bouche béante, quelque peu confus, je le suppose, de trouver un ménechme intellectuel au Pic de la Mirandole du département. « Ce n'est pas tout, poursuivis-je, et nous al- » lons recommencer l'expérience qui vous surprend si » fort, sur le premier livre venu. » Je prie le lecteur d'être persuadé que je ne me serois pas permis cette gasconnade bibliographique, si je n'avois eu la main sur les *Bigarrures du Seigneur des Accords*. Ma seconde démonstration n'eût rien à envier à la première, et bien m'en prit que le temps des superstitions populaires fût passé, quoique je ne fasse guère plus sorcier que mon libraire qui ne l'étoit pas du tout. « C'est, lui dis-je enfin » en riant, que l'auteur du *Songe de Poliphile* a écrit, » dans les initiales de ses chapitres, cette phrase latine : » *Franciscus Columna Poliam peramavit*, qui contient » son nom et celui de sa maîtresse, et que le *Seigneur* » *Des Accords* s'est servi de la même combinaison pour » révéler aux adeptes celui d'*Estienne Tabourot*. »

Le miracle s'étoit évanoui. Un miracle bien plus surprenant, ce seroit d'écrire un long article sur de pareilles questions, sans ennuyer à outrance les personnes mêmes qui jouissent d'assez de loisirs pour y prendre un peu d'intérêt. Celui-là, je ne m'en flatte pas.

Ch. Nodier.

Paris, Imprimerie de BRUN, rue du Mail, n° 5.

ÉCHANTILLONS
CURIEUX
DE STATISTIQUE.

PAR H. CH. NODIER.

PARIS,
TECHENER, LIBRAIRE, PLACE DU LOUVRE, N° 12.

Août 1835.

ÉCHANTILLONS
CURIEUX
DE STATISTIQUE.

« Il y a vingt ans que je ne mis un livre une heure de suite », et je demande mille fois pardon au lecteur de m'appliquer si cavalièrement un passage de Montaigne, liv. III, chap. VIII des Essais. Cela résulte peut-être de ce que la première page venue du premier livre venu offre assez de matière à réfléchir aux esprits qui réfléchis sont, depuis Montaigne jusqu'à moi, pour que les longues lectures en deviennent confuses, fatigantes et stériles. On n'amasse jamais trop d'idées à l'âge qui les amasse ; la multiplicité des idées nuit à leur clarté, à l'âge qui les élabore. Il en est de la faculté d'acquérir des notions instructives comme de ces arbres chargés de fruits naissants qui sourient à l'espérance des cultivateurs, et qu'ils émondent eux-mêmes à une époque plus avancée, pour leur laisser la possibilité de se nourrir également des sucs de la terre, et de mûrir également aux feux du soleil.

Un autre auteur, qui est certainement plus digne que moi d'être cité après Montaigne, a dit quelque part qu'il n'y avait point de si mauvais livre où l'on ne trouvât quelque chose d'utile, si on se donnait la peine de la chercher. C'est une expérience que j'ai faite mille fois, et souvent avec assez de bonheur pour découvrir dans un *bouquin* méprisé, des enseignements que m'avoit refusés l'*Encyclopédie* : rencontre assez semblable, par parenthèse, à celle du chimiste plus heureux que sage, qui compose d'excellents remèdes ou des agents industriels d'une grande puissance, en poursuivant la chimère de la panacée ou de la pierre philosophale. Des sciences fausses elles-mêmes, la recherche est profitable. Des *bouquins* dédaignés eux-mêmes l'exploration est utile.

Il y a dans toutes les civilisations *qui marchent*, et particulièrement en France où la civilisation galope, un penchant déterminé pour le nouveau, une répugnance invincible pour l'ancien, parce qu'on ne s'avise pas que c'est avec l'ancien qu'on fait du nouveau, et que les sociétés modernes sont incapables d'en faire autrement. De là vient la proscription universelle du *bouquin*, que personne ne lit, et dans lequel reposent enfouis, depuis deux ou trois siècles, tous les éléments de notre perfectionnement quotidien. Du nouveau, c'est le phrénologie, par exemple : qu'un charlatan germain vendoit dix louis ? Elle est dans Gratarol, dans Fabry, dans Giordano Bruno, dans cent autres copistes du premier livre des *Rhétoriques ad Herennium*, qui ne servaient que dix sous. *Bouquins !* — C'est la sublime technologie de Bacon annoncée par d'Alembert ? Elle est dans Savigny et dans Lors le Roti. *Bouquins !* — C'est la puissance de la vapeur, si habilement expliquée par Jacques Watt, de Greenock ? Elle est dans Denis Papin, de Blois. *Bouquins !* — C'est le jeu frivole des aérostats, en attendant leur usage et leur direction ? Il est dans Cyrano de Bergerac. *Bouquins !* — C'est le mécanisme du gouvernement représentatif. Bank-One, et voilà du neuf et du beau, s'il en fût jamais ? Il est tout entier dans Mayerne Turquet. *Bouquins !* — C'est — ho ! — c'est le prototype des *bouquins*...

Je n'ai pas formé le projet de m'élever jusqu'à la discussion de ces questions sublimes, qui me fourniroient tout au plus la matière d'un commentaire assez inutile sur le vieil adage de Salomon : *Il n'y a rien de nouveau sous le soleil*. Je sais mieux accommoder mes recherches à la portée de mon petit savoir et de ma foible intelligence. Une induction d'ailleurs suffira pour toutes, si je la tire des nouveautés les plus étranges et les plus inaccoutumées ; et comme il est déjà suffisamment démontré que l'*omnibus* véhicule, ou *trajectice*, remonte au dix-septième siècle où il fût inventé par Pascal, je me contenterai de prouver que l'*omnibus-restaurant* remonte au seizième siècle où il fut inventé par le parlement de Rouen, qui se montra cette fois très avancé en civilisation, quoiqu'il eût été précédé à son insu, par la police chinoise. Matière de *bouquin*.

Ce fut en effet vers la fin du XVIe siècle, et je ne dirai pas l'année pour deux raisons principales : la première qui est assez péremptoire, c'est que je ne la sais pas ; la seconde, c'est que mes doctes maîtres de Rouen ne seront pas embarrassés de la savoir ; ce fût, dis-je, bien avant dans sa dernière moitié, mais certainement au mois de juin, que le prudent sénat de la province anticipa de plus de deux cents ans, par une décision hardie, sur les sages mesures des sociétés de tempérance, qui viennent d'être instituées au nord de l'Amérique. Les artisans de ce temps-là, comme ceux du nôtre, dissipoient beaucoup de temps dans les loisirs dispendieux du cabaret ; le travail n'avançoit guères ; les monuments, suspendus invoquoient en vain l'activité de quelques mains laborieuses ; des voluptés abrutissantes faisoient passer dans l'impur trésor des taverniers les éléments de la subsistance et peut-être de la prospérité des familles. Le remède étoit difficile, mais dans ces jours encore barbares de politique arriérée, on ne marchandoit pas avec les difficultés d'une sage administration. Par un édit dûment enregistré et revêtu du sceau royal, le parlement de Normandie supprima les tavernes, en défendant, sous des peines graves, aux industriels qui les tenoient ouvertes à tout venant, d'*asseoir* désormais *aucun homme du lieu*, car cette ressource nécessaire de la fatigue, ou, si l'on veut, ce délassement oiseux de la paresse, ne fut pas interdit aux chalants *pérégrinateurs* et *forains*. La liberté de faire venir des vivres et des boissons à domicile resta entière pour tous, et les ménages s'en trouvèrent mieux:

> Si un voisin avec son familier
> Se veut esbattre, ainsi que de raison,
> Il est contraint de boire en sa maison
> Et d'envoyer querir du vin au pot.
> Par ce moyen, en tout temps et saison,
> Femme et enfants ont leur part à l'escot.

Le parlement fit mieux encore, parce qu'il comprit l'utile agrément d'un repos périodique, et d'un rafraîchissement modéré, pour l'ouvrier stationnaire qu'il falloit exercer lentement à la sobriété, et dont une distraction momentanée pouvoit renouveler les forces et le courage, sans risquer de les abattre. Jusqu'alors le peuple étoit allé chercher ce divertissement dans les tavernes où il oublioit tout pour lui; les tavernes obtinrent la permission d'aller chercher le peuple, mais sous défense expresse de s'arrêter assez long-temps pour lui faire une occupation de ses plaisirs. C'est à ces dispositions municipales, tout à fait dignes de Sparte, que je fais remonter l'origine de l'*omnibus-restaurant*, qu'il seroit bien possible de trouver ailleurs en ouvrant un *bouquin* de plus. Seulement, à cette époque modeste où l'on savoit plus de grec et plus de latin qu'à la nôtre, ce n'étoit ni au latin, ni au grec, mais au françois, qu'on alloit demander le nom d'un établissement françois, et l'omnibus-restaurant du XVI° siècle fut simplement appelé triballe ou trimballe, du vieux verbe trimballer, traîner, rouler, conduire après soi, dont aucuns seroient peut-être en peine, sans ce renseignement opportun, de déterminer fort clairement la bonne et ancienne acception.

Et il ne faut pas croire que la clôture des tavernes de Rouen fût une de ces prohibitions étroites qui compromettent à peine quelques intérêts privés. Le corps des taverniers étoit une puissance, et sa clientelle étoit une population.

Il y avoit au bout du pont *le Croissant*, *la Lune*, *l'Ange*, *les Degrés*, *les Flacons* et *l'Image Saint-François*.

Il y avoit sur les quais *l'Espée*, *le Baril d'or*, *le Trou du Gredil*, *le Penneret* (ou pavillon), *l'Eléphant*, *l'Agnus Dei*, *le Hable*, *le Cerf*, *le Gros Denier*, *le Moustier*, *l'Esturgeon*, *le Daulphin*, *le Chauderon*, *le Hola du Bœuf*, *la Chasse-Marée*, *le Grand Moulin* et *la Fontaine bouillante*.

Il y avoit au port du Salut *le Salut d'or*, *la Pensée*, *la Teste sarrazine*, *la Verte Maison* et *les Pelottes*.

Il y avoit au pied du mont Sainte-Catherine, ou aux environs, *l'Image Sainte-Catherine*, *le Petit Lion*, *la Salamandre* et *le Chaperon*.

Il y avoit, près de la halle, *la Teste-Dieu*, *la Croix-Verte*, *les Sauloiers*, *l'Ours*, *le Coulomb* (ou le Pigeon), *la Coupe*, *la Fleur de Lys*, *la Barge*, *l'Escu de France*, *le Grand Gredil*, *le Loup*, *la Hache*, et *la Hure*.

Il y avoit sur Robec *la Pelle*, *les Avirons*, *le Chaperon-Saint-Nicaise*, *le Coq*, *les Balances*, *la Petite-Taverne* qui étoit particulièrement fréquentée par les jeunes gens de mauvaise conduite, *l'Escu-de-Sable*, *l'Aquolet*, *le Pot d'Estain*, *le Rocher*, *la Rose*, *le Moulinet*, *la Chèvre*, *la*

Maillots, les Signots, les Vittecoqs, Saint-Martin, la Cloche, et l'Arbre-d'Or.

Il y avoit au Marché-Neuf les Coquilles, le Petit-Pot, le Pélerin, la Tour-Carrée, et la Croix-Blanche.

Il y avoit près de Beauvoisine le Chapeau-Rouge, la Bonne-Foi, les Trois-Mores, la Lièvre, l'Estrieu, le Barillet, et la Pierre.

Il y avoit la Pomme-d'Or près de la Porte-Cauchoise, et on avoit laissé ouvertes aux Cauchois les tavernes de Saint-Gervais.

Quant à l'Image-Saint-Jacques, elle fut privilégiée. Il paroît qu'elle eût le précieux monopole des Tribailes.

On voit qu'il se trouvoit là tous les éléments nécessaires d'une émeute, ou au moins d'une coalition ; mais c'étoit une de ces époques heureuses où le peuple ne se mettoit en colère que lorsqu'on lui disputoit ses libertés utiles et légitimes, ou qu'on le froissoit dans ses affections naturelles et dans ses croyances; les tavernes se fermèrent sans bruit, et les Tribailes furent les bien-venues.

Si quelqu'un s'est ennuyé de cette longue énumération, je le comprends facilement, car je m'en suis fort ennuyé aussi ; mais ce n'est pas de la littérature que j'écris, c'est de la statistique ; et je n'ai jamais entendu dire que la statistique fût faite pour amuser personne.

Au reste, il me conviendroit mal de m'enorgueillir de cette incursion facile sur le terrain des sciences à la mode, et je n'ai pas l'ambition de la faire valoir comme un titre de candidature par devant l'Académie des Inscriptions et belles-lettres, ou comme un droit à être porté dans la liste expectative des préfets, car je dois tout bonnement cette érudition de haut goût à la lecture d'un mauvais bouquin de huit feuillets, très petit in-8º, imprimé par Jacque Aubin, à Rouen, où il se vendoit au portail des libraires, chez Johan du Gort et Joupar de

Remortier. Ce livret en rimes fort maussades a pour titre un quatrain qui suffira pour donner une idée du talent poétique de l'auteur :

> Le Discours démoustrant sans feincte
> Comme maints Pions font leur plaincte,
> Et les Taverniers desbauchez :
> Parquoy Tavernier sont fachez.

Aussi mon savant ami, M. Brunet, n'hésite point à le ranger parmi les plus *plats* et les plus *insignifiants* des opuscules de son espèce, et c'est ce qu'il aurait pu dire d'une manière plus générale, et peut-être plus juste encore, de presque toutes les rapsodies dont nous sommes si fort entichés l'un et l'autre. *Plat* est incontestablement le mot propre; il n'y en a point de plus caractéristique à mettre à sa place. Quant à *insignifiant*, je n'en saurois tout à fait convenir aujourd'hui pour l'honneur de mon article. Mais, d'une autre part, son insigne rareté lui a fait obtenir aux yeux des amateurs une valeur qui excède de beaucoup celle des livres les mieux écrits, et les mieux pensés, puisque, de trente-un francs, qu'il s'est vendu en 1815, il vient de s'élever à Londres jusqu'au prix de six guinées, et qu'on n'obtiendra plus le même exemplaire du libraire Tochenon, notre émoleux, édit, tout au moins d'une bagatelle de seize ou dix-huit pistoles, en attendant qu'il retourne à son prix originaire et rationnel d'un sou, ce qui arrivera probablement quand les poétastres de ce temps-ci vaudront deux cents francs à leur tour. *Habent sua fata libelli.*

Pendant que je suis sur cette question inschique de volumes, coupons et pointes, à laquelle je ne me propose pas de revenir, voulez-vous qu'il ne tient qu'à vous de vous fournir des renseignements presque aussi précis sur la position et sur le nom des principales tavernes qui florissaient à Paris au temps de grâce et de plai-

vir 1635 ? Celles-ci sont seulement d'un étage plus élevé, et telles qu'elles pouvoient être honorées quelquefois de la présence d'un Cyrano, d'un Saint-Amand et d'un Faret. Cependant la *Pomme de Pin* étoit bien déchue alors de la splendeur dont elle avoit joui sous Régnier et même sous Rabelais ; et pour rappeler les chalands près du pont Notre-Dame, en face de l'église de la Magdeleine, elle attendoit la clientelle propice de Chapelle, qui devoit un jour renverser la lampe à l'huile de Boileau, pour lui mettre un verre à la main ; mais le *Petit-Diable*, son proche voisin, avoit profité de ses pertes, sans hériter de sa renommée.

En partant de là, il n'y avoit pas un long trajet pour aller faire une nouvelle station à la *Grosse-Teste*, un peu plus loin que le Palais.

Le goût de la bonne chère s'alliott fort bien alors avec celui des beaux-arts, et même avec les pratiques de la piété ; les friands déjeuners de Cormier s'ouvroient à l'issue de la messe de Saint Eustache ; les spectateurs échauffés par la magnifique éloquence de Bellerose, aimoient à s'asseoir aux *Trois Maillets* en sortant de l'hôtel de Bourgogne, et y terminoient agréablement une journée agréablement commencée à *Saint-Martin*, à l'*Aigle Royal*, ou au *Riche Laboureur*, tout près des confrères Saint-Mathurin. Le petit peuple seul visitoit encore *Closany*, naguère en réputation parmi les gourmands, mais décréditée depuis par un savantier de mauvais ton.

Les plaideurs et la Bazoche du Chastelet fréquentoient le *Grand Cornet* ou la *Table du valeureux Roland*, masure presque monumentale que la tradition faisoit remonter jusqu'à cet illustre paladin, et qui comptoit avec orgueil parmi ses chantés fabuleuses le dernier écot des douze pairs de Charlemagne.

La crainte des recors entraînoit plus loin quelques misérables victimes de la chicane, qui dissipoient du moins leurs derniers écus dans une oublieuse sécurité à l'enseigne de *la Galère* ou à celle de *l'Escaliguier*.

Les courtisans que leur ambition ou leurs affaires retenoient trop long-temps au Louvre, trouvoient bon gîte et chère lie chez *la Boisselière*; mais ce n'étoit pas aubaine pour les poètes et pour les enfants sans-souci. *La Boisselière* ne faisoit jamais crédit, et l'on ne dinoit pas chez elle à moins de dix livres tournois, somme inconcevable pour le temps.

Les *Trois Entonnoirs* près des Carneaux se distinguoient par leur excellent vin de Beaune, celui des vins de France dont on faisoit alors le plus de cas, et que certains gourmets estimoient hardiment à l'égal de ceux d'Espagne et d'Italie.

Du côté du Mail, il falloit choisir entre l'*Écu* et la *Bastille*; mais *l'Escharpe* étoit la plus chérie des tavernes du Marais. C'est l'hôte de ce logis délicieux, homme de progrès s'il en fut, qui a inventé les *cabinets particuliers*. La civilisation commençoit à marcher. C'est l'année qui précéda le *Cid*. Cette sublime création (je parle de l'invention des *cabinets particuliers*) fit négliger jusqu'à l'*Hôtel du Petit-Saint-Antoine*, si connu par la facilité de ses plaisirs, jusqu'aux *Torches* si bien famées du cimetière Saint-Jean, jusqu'aux *Trois Quilliers* de la rue aux Ours, qui avoient bravé, pendant une longue suite d'années, toute espèce de comparaison. Ainsi passent les gloires du monde.

J'ajouterai, pour la satisfaction des buveurs d'eau, qu'à cette époque, éminemment remarquable dans les fastes de notre statistique parisienne, remonte l'abandon presque total des nayades du puits de Bourgogne, et même du puits Sainte-Geneviève, malgré l'efficacité des sources salutaires où celles-ci avoient cherché un remède

assurd, contre la flèvre. Elles furent irrévocablement dé-
trônées par les chastes nymphes d'Arcueil.

Et on jugeroit beaucoup trop avantageusement de ma
modeste érudition si l'on supposoit que j'ai tiré ces belles curiosités historiques de Corrozet ou de Dupreul, de
Sauval ou de Félibien, de Lebeuf ou de Saint-Foix, de
Hurtaut et Magny ou de Piganiol, de Jaillot ou de Maf-
flinet, de Mercier ou de Landon, de Dulaure ou de Saint-
Victor. Dieu fasse paix à qui en fut jamais un seul je les
ai prises comme les voilà, dans un bouquin fort ignoré,
qui a pour titre : Les Visions admirables du Pélerin du
Parnasse, ou Divertissement des bonnes compagnies et
des esprits curieux, par un des beaux esprits de ce temps.
Paris, Jean Gesselin, 1635, in-8° de 254 pages, parce que
j'ai cru devoir à ce volume, réellement fort divertissant,
les honneurs d'une commémoration séculaire dont il
ne s'est pas prise la première fois.

Du côté du mail, il falloit construire (et Dieu sait
quel mail ce devoit être) l'hôtel des Trois Quilliers, où
gît le bonhomme Claude Fauchet, qui a fait dans son
Recueil de la langue et poésie françoise, de très curieuses
recherches touchant l'établissement successif de
la civilisation, du christianisme, et précisé la manière qu'a
précédé le Cid. Cette sublime création de Pierre Corneille,
à moins que je ne m'indigne de leurs noms si tant soit
peu connus. Les colonies.

CH. NODIER.

Je suppose, d'après ces indications particulières, jusqu'à
l'hôtel de petit-Saint-Antoine, si connu par la facilité de
ses plaisirs, jusq'aux porches si bien campés du cimetière Saint-Jean, jusq'aux Trois Quilliers de la rue aux
Ours, qui avoient bravé, pendant une longue suite d'années, toute espèce de comparaison. Ainsi passent les
gloires du monde.

J'ajouterai, pour la satisfaction des buveurs d'eau,
qu'à cette époque, singulièrement remarquable dans les
fastes de notre statistique parisienne, remonte l'abandon
presque total des naïades du puits de Bourgogne, et
même du puits Hippo-Crénéen, jusqu'à récemment des
sources salutaires ou faites-ci. On cherchera un remède

DE QUELQUES LANGUES ARTIFICIELLES

QUI SE SONT INTRODUITES DANS LA LANGUE VULGAIRE.

PAR M. CH. NODIER.

J'ai souvent parlé, et j'avoue de bonne foi qu'il n'y a pas de raison pour qu'on s'en souvienne, de nos dialectes *rustiques* ou *patois*; de ces langues *du pays*, les congénères, et probablement les aînées de la langue nationale, qui ont comme elle leur génie et leurs lois, leur grammaire, leur poésie et leurs classiques. J'ai dit qu'ils avoient retenu plus ou moins de radicaux autochtones et de mots d'invasion, quelquefois avec une partie de la syntaxe des langues qui les ont fournis, et qu'ils composent sous ce rapport un véritable monument lexicologique, digne de tout l'intérêt des savants, qui ne le protégeront jamais avec trop de zèle contre le purisme dédaigneux des gens de collége.

Dans une autre occasion, si je ne me trompe, j'ai défini le *macaronique* une langue de composition latine, dont presque tous les éléments sont empruntés à la langue *vulgaire*, ou à la langue *rustique*, mais qui ne déroge nulle part à la syntaxe naturelle, à la construction transpositive, au système métrique des latins.

Je me suis enfin occupé avec quelque étendue de la langue *fourbesque* ou *argot*, dialecte entièrement métaphorique dans lequel les mots *vulgaires* ont été soumis à des acceptions conventionnelles, ou remplacés tout au plus par des mots factices dont on pénètre sans difficulté le sens allusif, en remontant à leurs radicaux.

J'ai cherché à prouver que ces langues spéciales, si importantes pour l'éclaircissement de la science, mériteroient bien quelques bons traités particuliers, faits par des hommes capables de les explorer utilement; mais il faudroit y joindre un certain nombre de langues également capricieuses, également arbitraires, qui se sont introduites successivement dans la langue *vulgaire*, au gré de la fantaisie et de l'imagination, et que le talent de quelque écrivain bizarrement ingénieux y a tour-à-tour naturalisées. Ce sont celles dont je me propose de parler aujourd'hui, sans m'étendre toutefois en développements fort explicites, car les recherches d'érudition sont très-longues et les feuilletons sont très-courts.

Au premier rang est chez nous le *Burlesque*, dont nos vieux poètes offrent déjà quelques exemples, mais qui fût plus accrédité que jamais au temps de Scarron, de Richer, de d'Assoucy, de Berthaud, de Saint-Amand, et qui a même tenté de plus fortes plumes, car il y en a des traces dans Voiture et dans Sarrasin. Son caractère est de ravaler l'idée par l'expression, et de faire passer le solennel au trivial par l'image. Tantôt c'est le *quos ego* de Virgile :

  Que je.... mais il n'acheva pas,
  Car il avait l'ame trop bonne.

Tantôt c'est la descente d'Enée aux enfers, où il voit l'ombre d'un cocher

  Qui frotte l'ombre d'un carrosse
  Avecque l'ombre d'une brosse.

Mais à part une exagération grotesque dans l'emploi du superlatif et du diminutif inusités, à part l'affectation de l'archaïsme tombé en desuétude ou du néologisme hazardeux, il ne change presque rien au vulgaire. Le *Burlesque* françois n'est lui-même qu'une imitation du *Berniesque*, langue ou plutôt style artificiel, qui doit son nom au Berni, et que celui-ci devoit à son tour à quelques latins d'une antiquité fort suspecte, Plaute excepté, dont l'âge est bien authentique.

Il est facile de reconnoître, au premier coup-d'œil, que le *Lutrin*, quoi qu'on en dise, n'appartient point à cette école, ou plutôt que c'est un *burlesque* pris à l'inverse, dans lequel l'idée triviale est, au contraire, relevée par la magnificence de l'image et la pompe de la parole. Ces deux genres forment une véritable antithèse, quoiqu'ils reposent, au fond, sur des combinaisons analogues. Dans le *Virgile travesti*, substituez des gens du peuple aux héros de l'*Énéide*, et le poème restera bouffon. Dans le *Lutrin*, substituez Chrysès au chantre, Achille au perruquier, et, sauf quelques détails, le poème deviendra héroïque.

La langue *pédantesque* touche de près à la langue *macaronique*, et se confond presque avec elle dans les *Epistolæ obscurorum virorum*; mais elle s'en distingue essentiellement en italien et en françois, parce qu'au lieu d'assujettir le mot *vulgaire* à la phraséologie et à la syntaxe latines, c'est le mot latin qu'elle soumet aux formes du langage *vulgaire*, comme dans le plaisant discours de cet écolier limousin que Pantagruel rencontra sur le chemin « de l'alme, inclyte et celebre académie que l'on vocite « Lutèce. » Elle tire son sel le plus piquant de l'abus des formules scholastiques et de la profusion des citations. Son usage, fort divertissant dans Rabelais, dans Cyrano, dans Molière, a été souvent pris au sérieux par les demi-savants qui ont de bonnes raisons pour souhaiter de n'être pas entendus. C'est aujourd'hui la langue ordinaire de la médecine.

Cette excursion sur le terrain des *Argots* dont se servent certaines coteries pour s'isoler de la multitude, ne me permet pas de passer le *Précieux* sous silence. Le *Précieux*, construit dans les mêmes vues que l'*Euphuisme* anglois qui le précéda de peu d'années, étoit une espèce de jargon établi dans *la bonne compagnie* d'où il déborda dans les romans, et auquel se reconnoissoient entr'eux les sots initiés des ruelles. Son artifice consistoit dans une recherche puérile de métaphores énigmatiques, d'hyperboles extravagantes, et de phrases postiches ridiculement prodiguées, qui n'offrent d'ailleurs ni sens ni esprit. Molière fit bonne justice de ce verbiage intolérable, mais le *Précieux*, battu à outrance dans une délicieuse comédie, ne fût pas vaincu sans ressource, car il est essentiellement rédivive en France. Appliqué un siècle après à la métaphysique alambiquée d'une école cynique de philosophes et de romanciers, il reçut le nom de *Marivaudage*. A la suite des saturnales sanglantes de la révolution, il inspira le *Merveilleux*. Il jette encore, au moment où je parle, quelques folles étincelles dans les livres et dans les journaux, et pour le malheur de notre belle langue, si claire, si raisonnable, si sagement circonspecte, il y jouit sans contradiction de tous les honneurs du talent. Molière est mort!

Le comique de la langue *graciènne* qui est propre à l'Italie, résulte de l'opposition calculée de l'expression avec la pensée, à l'imitation d'un défaut commun dans la conversation des ignorants qui veulent faire étalage de science, et qui emploient les mots à contre-sens parce qu'ils n'en connoissent pas la valeur. Le Quadrio en a rapporté l'origine à un certain Lucio, qui la composa vers 1360 sur le type grotesque d'un barbier de son temps, nommé *Messer Graziano delle Cotiche*, du bourg de Francolin dans le Ferrarois. Aussi n'est-elle pas sortie de ce dialecte rustique, du moins chez ses inventeurs, car il seroit possible d'en trouver quelques exemples dans nos parades. En voici un que je prends ailleurs, mais sans m'en éloigner beaucoup, car c'est à la porte même du théâtre où elles se jouoient dans ma jeunesse. Quand madame Saqui, d'aérienne et voltigeante mémoire, afficha des représentations extraordinaires à l'honneur des journées *immémorables* de juillet, elle faisoit sans le savoir de la langue *gracienne*, comme le peuple fait des figures de rhétorique et M. Jourdain de la prose.

Le *Burchiellesque* est la débauche d'un brillant génie, mais fantasque et moqueur, qui s'est précipité dans l'absurde de propos délibéré; sa méthode, si c'en est une, est d'enchaîner dans des vers réguliers des idées inconciliables qui hurlent, comme on dit, d'être ensemble; combinaison qui n'a rien d'offensant pour la grammaire, mais qui est faite en dérision de la logique et du sens commun. Ce qu'il y a d'extraordinaire, c'est que le style de cet inextricable fatras, sous lequel Doni cherchoit des mystères comme nous en avons cherché dans les *centuries* de Nostradamus, reste partout pur, élégant et choisi. L'académie de la *Crusca* l'a cité parmi les textes de bon langage, et Ginguené remarque à cette occasion que Burchiello est peut-être le seul auteur qu'on ait cité sans l'entendre. Ginguené n'y a pas regardé de près.

Le *Coq-à-l'âne* de Marot, qui s'est renouvelé du temps de Collé, paroît être imité du *Burchiellesque*. On ne l'imitera plus. Il faut, pour prendre plaisir à ces jeux, s'y exercer dans une langue qui vient de naître. La civilisation a ses hochets comme les enfans.

La langue *amphigourique*, ressuscitée par Vadé et fort connue des bateleurs, mais dont il y a plus d'un échantillon dans *Bruscambille*, et qui rappelle à tout le monde le plaidoyer des deux seigneurs, si plaisamment appointés par Pantagruel, est probablement le *nec plus ultra* des langues de *non-sens*. J'excepte néanmoins par respect les langues scientifiques. Cette manière d'exprimer quelque chose qui a l'apparence d'une pensée, est ce qu'en dialecte *poissard* on appelle aujourd'hui le *bagou*, mélange hardi des idées les plus disparates, des locutions les plus hibrides, des formes de langage les moins susceptibles de s'allier entre elles, soutenues dans un discours de longue haleine avec l'énergie passionnée de la conviction et l'imperturbable volubilité d'une improvisation sérieuse. Elle est voisine en ce sens du *Pédantesque* et du *Gratien*, mais elle se rapproche davantage encore du bavardage hétéroclite des fous. Les Italiens en auraient probablement fait la langue *fanfreluchesique*, s'ils avoient eu le bonheur de posséder Rabelais, car elle doit avoir pris sa source dans les *fanfreluches antidotées* qui seroient peut-être le caprice le plus délirant de l'esprit humain, si les *fanfreluches antidotées* n'avoient eu des commentateurs.

On le dira sans doute, et j'en conviens : cette langue saugrenue n'est pas aussi éloignée qu'elle en a l'air, du *galimathias* de l'idéologie, du *pathos* de la tribune, des *battologies* oratoires du barreau, des *logogryphes* politiques de la presse. Elle en diffère seulement par deux points essentiels. Les *fanfreluches* sont beaucoup plus amusantes, et beaucoup plus raisonnables! Divine Providence des langues et des littératures, daignez nous rendre la langue *amphigourique*, s'il vous plaît! Elle n'a jamais fait de mal à personne.

Oh! combien j'aimerois mieux, s'il m'étoit permis de

choisir entre le présent et le passé, l'innocent *Janotisme* de Dorvigny, si naturel, si naïf, si populaire, si bien fait d'après le modèle, qu'on le croiroit sténographié sous la dictée d'un badaud ingénu, malheureux en inversions : « Il en avoit de beaux, mon grand père, des couteaux (Dieu veuille avoir son âme !) pendus à sa ceinture dans une gaine. » Combien je le préférerois à ces ergotismes menteurs avec lesquels tous les partis mystifient les nations à tour de rôle, et dont on n'aura le bon sens de rire qu'après en avoir long-temps pleuré ! Quant au *Janotisme*, il est presque inutile de dire que ce genre de *ghéribizzi* ne pouvoit s'introduire dans les langues transpositives, où la construction est toujours marquée par la désinence, et qu'il n'y en a par conséquent aucun exemple chez les anciens. Des langues de *non-sens* philosophique, je n'oserois pas en répondre ; et Lycophron est là pour leur assurer l'initiative des langues de *non-sens* littéraire ; Lycophron, le Burchiello solennel, le grave et pompeux Bruscambille de l'école alexandrine.

La langue arbitraire et protée des *nomenclaturiers* mérite peut-être une place d'honneur à côté de celles-ci, mais il faut bien se garder de lui en donner une dans les dictionnaires où elle noieroit avant peu la langue usuelle sous un déluge d'anomalies inutiles. Il sembleroit, à voir ses invasions polyglottes, que tous les idiomes de l'homme sont condamnés à mourir de mort, comme l'homme lui-même, pour avoir goûté du fruit de la science. La naturalisation de tout mot scientifique, qui n'est pas de relation, disons mieux, qui, sous l'autorité respectable d'une relation fidèle, n'a pas été consacré dans la langue choisie par la plume d'un grand écrivain, ou dans la langue *vulgaire* par l'adhésion intelligente de l'usage, est un progrès vers le chaos.

Je voudrois bien m'arrêter ici, au hasard de me laisser reprocher une omission de plus, et je n'ai pas aspiré au complet en ramassant avec peu de soin ces éléments imparfaits d'un livre qui pourroit être utile et curieux ; mais j'entends répéter de toutes parts à mon oreille :
« Dans quelle catégorie des langues placez-vous le *Cultorisme* du sublime poète Gongora, et le *Séicentisme* du divin poète Marini ? Ces innovations présomptueuses n'ont-elles pas quelque rapport avec celles d'une école de notre temps qui compte aussi des maîtres illustres, mais où tout le monde n'a pas comme eux l'excuse de l'inspiration et du talent ? Ces archaïsmes mal compris, ces néologismes mal faits, ces figures fausses et outrées, ressource facile des esprits médiocres qui dissimulent la honteuse misère du fond sous l'étrange nouveauté de la forme, appartiennent-elles à la langue naturelle du pays, ou ne sont-elles que l'artifice passager d'une langue factice qui n'aura point d'avenir ? La destinée des littératures, en un mot, a-voit-elle réservé à notre époque une langue poétique inconnue de tous les âges, ou bien s'est-elle jouée seulement à montrer aux yeux de la postérité, dans une grande aberration, ce qu'étoit devenue en ce siècle de perfectionnement et d'intelligence la France intelligente et perfectionnée ? »

Cette question importune et scabreuse m'embarrassera peu cependant, car je prierai Horace d'y répondre pour moi :

Scribendi rectè, sapere est et principium et fons.
De Art. poet.

La loi universelle et infaillible des langues, c'est LE BON SENS.

CH. NODIER.

Paris, imprimerie de BRUN, rue du Mail, n° 5.

DU
DICTIONNAIRE DE L'ACADÉMIE,
ET
DES SATIRES
PUBLIÉES
A L'OCCASION DE LA PREMIÈRE ÉDITION
DE CE DICTIONNAIRE.
PAR M. CH. NODIER.

PARIS,
TECHENER, LIBRAIRE, PLACE DU LOUVRE, N° 12.

Octobre 1835.

DES SATIRES

PUBLIÉES A L'OCCASION

DU PREMIER DICTIONNAIRE

DE L'ACADÉMIE.

Il n'y a rien de plus facile à critiquer qu'un Dictionnaire, et la raison en est toute simple. Un Dictionnaire sans défauts devroit contenir la meilleure collection possible de tous les faits d'une langue, tous ses mots, toutes ses locutions, toutes les définitions qui les précisent, tous les exemples qui les éclaircissent; et non-seulement il n'est point d'homme en particulier, mais il n'est point d'association d'hommes, aussi nombreuse et aussi choisie qu'on le suppose, qui puisse posséder tous les mots sans exception, et appliquer toutes les définitions sans erreur. Il y a une vingtaine d'années que cinq cents hommes d'état réunis ici *(sic)*, discutèrent pendant trois séances sur la valeur propre des deux infinitifs les plus distincts en acception de toute la langue (c'étoit, je crois, *prévenir* et *réprimer*), et qu'ils se séparèrent sans s'entendre. A la quatrième, et surtout à la centième, ils se seroient encore un peu moins entendus. Le génie et le savoir de tous les temps accomplis s'exerceroient sur un pareil ouvrage pendant tous les temps qui s'accompliront d'ici à la fin des siècles, qu'il y resteroit quelque chose à reprendre pour un écolier. C'est la fatalité des langues et des Dictionnaires qui le veut ainsi.

Le *Dictionnaire de l'Académie-Françoise* fut donc critiqué, il le fut tandis qu'on le faisoit encore, et bien des années avant d'avoir paru. Il le fut souvent avec justice, parce que c'est en ce genre surtout, comme je viens de le dire, que la *critique est aisée*; toujours avec amertume, parce que l'aristocratie littéraire de l'Académie irritoit les passions et révoltoit l'orgueil d'un monde d'écrivains qui n'en étoient pas, quoique certains fussent très dignes d'en être. C'est de cette polémique de mots que je me propose aujourd'hui d'entretenir mes rares lecteurs en faveur de ceux qui, comme moi, prennent un intérêt de caprice ou d'habitude à nos vieilleries classiques. Chacun a son goût, et je ne suis pas sûr qu'on ait découvert de nos jours des moyens beaucoup plus agréables de passer le temps.

Le plus ancien de ces livrets, bons ou mauvais, est la *Comédie des Académistes* de Saint-Évremont, qui a été réimprimée dans ses *Œuvres*, mais dont l'édition de 1646, citée par M. Barbier, et celle de 1680, sont devenues presque introuvables. Cette *Comédie*, où il ne faut pas chercher une comédie, a été mise par Pellisson au rang des farces, et Pellisson lui a fait plus d'honneur qu'elle n'en mérite, car il y a des farces délicieuses. La *Comédie* de Saint-Évremont est une composition assez insipide, où l'on remarque cependant çà et là des traits de satire passablement amusants. Cette verve de saillies est toutefois bien loin de celle qui anime la plaisante *Conversation du maréchal d'Hocquincourt et du père Canaye*, et quoique Voltaire soit un fort méchant guide en histoire littéraire, il ne me faudroit point d'autre preuve pour me ranger à l'hypothèse en vertu de laquelle il restitue ce petit chef-d'œuvre à Charleval.

La *Requête des Dictionnaires*, que personne n'a jamais contestée à Ménage, et qu'il réimprima lui-même en 1652 dans ses *Miscellanea*, parut dès 1649, in-4°, sous le titre du *Parnasse alarmé*, et sous le nom probablement supposé du libraire Jean du Crocq. Cette édition originale qui est d'une rareté excessive, passe pour avoir été faite sur une copie dérobée par l'abbé de Montreuil à un autre abbé Giraud, qui avoit en garde les papiers de Ménage. C'est un échantillon de ce burlesque, ordinairement trivial et plat, que l'originalité de Scarron avoit accrédité, et qui se glissa jusque sous la chaste plume de Sarrazin. La poésie de Ménage n'étoit pas forte, et tout le monde en est convenu, excepté lui. La *Requête des Dictionnaires* n'est donc que l'ouvrage d'un poète extrêmement médiocre, qui, pour surcroît de malheur, écrit dans un mauvais genre. Elle ne pouvoit faire un peu de bruit que dans un temps où l'on avoit le loisir de s'occuper de peu de chose.

Elle ne fut pourtant pas complettement inutile, car il n'est point d'écrit insignifiant pour le vulgaire, dont l'esprit et le bon sens ne puissent tirer quelque parti. Il y réclame avec succès pour le *car*, si sottement proscrit par Gomberville, qui avoit juré une guerre à mort à cette utile conjonction. Il y proteste contre l'innovation alors en vogue qui *féminisoit* une foule de substantifs masculins, *Doute, Duché, Poison, Reproche, Mensonge, Eventail, Squelette*, etc. Il y attaque avec énergie l'impertinente néographie italienne, qui tentoit de s'introduire dans *Filosophie, Paragrafe, Iver, Tans, Réome*, etc., et qui prévaudra nécessairement un jour, quand M. Marle aura complétté la réforme de M. de Voltaire. On voit que l'orthographe françoise lui a quelques obligations. Il est bien entendu que je parle de Ménage.

Furetière, poursuivi par l'Académie en 1683, pour l'entreprise d'un *Dictionnaire universel* qu'il ne devoit pas voir paroître, lui répondit par deux *Factums* imprimés en 1685 et 1686, et qui se trouvent ordinairement reliés à la suite d'un *Specimen* assez étendu de cet ouvrage, *Amsterdam*, chez *Henri Desbordes*, petit in-12. Le premier est un excellent plaidoyer où Furetière discute avec beaucoup de solidité, et même avec assez de tact des convenances, le privilège exclusif de l'Académie, et le danger que présenteroit un pareil monopole dans la république des lettres. Ce précis est d'autant plus démonstratif, que l'auteur l'appuie de pièces de comparaison qui établissent clairement la dissemblance du *Dictionnaire de l'Académie* et du sien, lequel étoit une véritable encyclopédie de la langue, et c'est à cause de cela, par parenthèse, qu'il a vieilli en trente ans, comme l'Encyclopédie de Diderot, et comme vieilliront tous les Dictionnaires techniques, tandis que celui de l'Académie, malgré ses imperfections inévitables, vivra autant que la langue. Il est impossible de contester, après cette lecture, que si Furetière n'avoit pas de son côté les bons procédés, ce qui est vraisemblable, il y avoit cependant le bon droit, et que les chicanes vindicatives de l'Académie ne fussent du plus mauvais goût, dans une affaire où elle devoit donner au moins l'exemple de la sagesse. Au reste, il avait eu soin de désintéresser complettement une grande partie des membres les plus distingués de cette illustre compagnie, en intitulant son mémoire, *Factum contre quelques-uns*; il excepta même nominalement de ses attaques, d'abord tous les grands seigneurs, ce qui a été, dans tous les temps, la plus prudente des précautions oratoires, et puis, ces grands seigneurs de la parole, dont les titres en valoient bien d'autres, Huet, Bossuet, Fléchier, Despréaux, Racine et Corneille. Quant à La Fontaine, on comprend à peine qu'il ait pris couleur dans ce procès déplorable.

Le second Factum est d'un autre style. C'est un libelle sanglant imprégné de tout le fiel des haines personnelles, mais il faut remarquer que, dans l'intervalle, l'Académie-Françoise avoit retranché Furetière du nombre de ses membres ; ce qui étoit un grand tort si elle en avoit le droit, et un tort beaucoup plus grand, si elle ne l'avoit pas. Tallemant des Réaux, de cynique mémoire, n'a été nulle part plus insolent et plus brutal que Furetière. Il y a pourtant dans cet écrit bien des faits particuliers d'histoire littéraire qui auroient dû lui donner dans le commerce de la librairie plus d'importance et de valeur qu'il n'en a communément. Le portrait de Quinault est comique par le choix des images et des mots qui font allusion à la profession de son père : « Le sieur Quinault a quelque
» mérite personnel ; c'est la meilleure pâte d'homme
» que Dieu ait jamais fait ; il oublie généreusement les
» outrages qu'il a soufferts de ses ennemis, et il ne lui
» en reste aucun levain sur le cœur. Il ne s'ensuit pas
» pour cela qu'il ait grande autorité dans la littérature ;
» il a eu pour son partage quatre ou cinq cents mots de
» la langue, qu'il blutte, qu'il ressasse, et qu'il pétrit le
» mieux qu'il peut. » Cette plaisanterie pourroit être d'un meilleur ton, mais elle est malicieuse et spirituelle. Dans les autres, Furetière, peut-être justement aigri, va jusques à la cruauté. Vers la fin, il examine sérieusement le droit que l'Académie a eu de l'expulser de son sein, et dans cette discussion qui a été probablement éclairée des lumières d'un savant avocat, il reprend tous ses avantages. Il est impossible de faire valoir des raisons plus péremptoires dans le fond, avec plus de torts dans la forme.

Le troisième factum de Furetière, à la date de 1688,

porte le nom du même lieu et du même imprimeur; mais mon édition, qui est d'ailleurs fort incorrecte, me paroît sortie des plus mauvaises presses de Rouen. Il a pour objet la sentence de la police du Châtelet, rendue le 24 décembre 1686, qui supprimoit les *Factums* précédents comme injurieux et diffamatoires. C'est, selon toute apparence, le dernier des écrits de Furetière, mort en 1688; mais c'est certainement le plus vif et le plus piquant. Il y a adopté, comme Boileau, la figure mordante de la palinodie, pour faire à ses adversaires une réparation plus insultante que l'offense, et on ne peut le lire sans réfléchir avec étonnement sur la destinée des auteurs, qui n'a pas permis que cette bluette ingénieuse restât comptée parmi les modèles de la satire en prose. Je ne crains pas de la citer, quant à moi, comme un exemple de fine polémique et comme un trésor de saillies. La page seule qui concerne La Fontaine est plate et grossière, parce qu'elle a été inspirée sans doute par une colère injuste et honteuse. Hélas! Furetière étoit fabuliste aussi, et la vieille observation d'Hésiode sur les antipathies de métier n'a jamais cessé d'être vraie. Le reste est charmant, et l'on ne sauroit peut-être pas combien Furetière était digne d'entrer dans l'Académie, par son talent d'écrivain, s'il n'en avoit été chassé. Beaumarchais n'est pas meilleur dans ses *Mémoires* un peu trop vantés. Rien ne prouve mieux l'immense ascendant littéraire de l'Académie, que le dédain absolu dans lequel les *Factums* de Furetière sont tombés. On avoit plus beau jeu à attaquer les jésuites et le parlement, la cour et la monarchie, dont l'influence n'a jamais, quoi qu'on en dise, dépopularisé un homme d'esprit.

Dès le commencement du procès de Furetière, il ne parut pas un libelle anonyme contre l'Académie, qui ne lui fût attribué. C'est l'usage invariable en France, que de faire représenter toutes les querelles par des noms propres. Il est cependant certain que Furetière, préoccupé des travaux de son entreprise, qui étoient incalculables, et dont le cadre effrayeroit aujourd'hui le plus jeune, le plus robuste et le plus patient de nos lexicographes, n'écrivit, à très peu de chose près, que ce qu'il ne pouvoit se dispenser d'écrire dans l'intérêt de sa défense. Il faut en excepter toutefois le badinage intitulé : *Les Couches de l'Académie*, plan d'un poème allégorique et burlesque, dont la forme rappelle trop la *Nouvelle allégorique des troubles du royaume d'Eloquence*, pour n'être pas de la même main, et qui se trouve imprimé d'ailleurs avec le troisième *Factum*. C'est un persifflage assez froid dans ce goût d'allusion métaphorique, dont la fameuse *Carte du Tendre* avoit donné l'idée au servile troupeau des imitateurs, et qui a produit une multitude de volumes dont le plus grand nombre n'est point parvenu jusqu'à nous. Il y a pourtant dans cette bagatelle quelque chose de l'esprit des *Factums*, c'est-à-dire, beaucoup plus d'esprit qu'il n'en faudroit maintenant pour défrayer la réputation d'un ouvrage d'un meilleur goût.

L'*Apothéose du Dictionnaire de l'Académie*, imprimée sous le titre de *La Haye*, 1696, *in*-12, n'est certainement ni de Furetière ni de Richelet dont les erreurs y sont quelquefois très justement rectifiées. Une note manuscrite du temps la donne au sieur Chastein, selon M. Barbier, et l'abbé d'Artigny rapporte dans ses *Mémoires*, sur le témoignage de l'abbé Tricaud de Belmont, qu'elle avoit été composée par un ecclésiastique détenu au château de Pierre-Encise. Ce petit livre, moins rare que les *Couches de l'Académie*, mais plus curieux et plus utile, renferme une centaine de remarques critiques dont près de la moitié sont excellentes, et l'Académie en a fait sagement son profit. Il est seulement à regretter que l'auteur, qui ne manquoit pas d'un certain esprit de critique, mais qui étoit possédé du démon, et non pas du génie de la poésie, se soit cru obligé à délayer ses saillies grammaticales en vers plats qui ne sont pas toujours françois. Sa prose est souvent correcte et sensée, mais sa versification est détestable.

Cette atteinte au *Dictionnaire* parut assez grave toutefois pour attirer une réponse de Mallemans, ou Mallement de Messange, qui se porta fondé de pouvoir de l'Académie, on ne sait sur quelle autorité, mais ce n'est pas sur celle du bon goût et de la grammaire. Elle fut publiée la même année, et Chastelain, ou le prêtre de Pierre-Encise, ne fit pas attendre long-temps sa réplique. Celle-ci parut en 1697, in-12, sous le titre d'*Enterrement du Dictionnaire de l'Académie*. M. Tabaraud qui se fait honneur à Furetière dans la *Biographie universelle*, n'auroit pas commis cette étrange erreur s'il avoit pris la peine de lire l'article *Furetière* du même ouvrage, imprimé quatre ans auparavant, et où M. Auger fixe la mort de Furetière au 14 mai 1688; car on conviendra qu'il est tout à fait impossible, à quelque point que se porte la colère des érudits et des poètes, *genus irritabile vatum*, qu'un homme mort en 1688 ait répondu en 1697 à un libelle daté de 1696. L'*Enterrement* est d'ailleurs, aux vers près, dont l'auteur s'est sagement montré plus économe, du même style que l'*Apothéose*, et l'anonyme a été assez fier de cette solidarité pour le constater, dès la cinquième ligne de son nouvel écrit : « Lorsque je travaillois à la critique du *Dictionnaire de l'Académie* sous le titre d'*Apothéose*, etc. » Il y avoit là de quoi épargner des doutes aux *Sçavantes futurs*, et à M. Tabaraud.

La première moitié du livre est employée à réfuter les objections de Mallemans, qui ne méritoient guère d'être réfutées; la seconde contient deux cent quinze nouvelles remarques grammaticales, qui sont pour la plupart fort judicieuses.

Le plus recherché de ces utiles et singuliers bouquins est le *Dictionnaire des Halles*, Bruxelles, Foppens, 1696, in-12, mais évidemment imprimé à Paris, qui est aussi, *comme de juste*, attribué à Furetière défunt, et dont l'auteur véritable est un nommé Artaud, si l'on peut appeler auteur le copiste famélique qui découpe à coup de ciseaux de pareilles compilations pour revendre à la presse un livre imprimé. J'ai vu vendre et j'ai payé ce volume plus cher qu'aucune des anciennes éditions du *Dictionnaire de l'Académie*, quoiqu'il ne contienne que l'extrait incorrect et tronqué des phrases proverbiales et populaires que l'Académie a jugé à propos de recueillir, et quoique l'auteur prétendu n'y soit en tout que pour un *avertissement* de huit feuillets fort impertinents et fort mal écrits. Les *Curiosités françoises* d'Oudin, *Paris* 1640, in-8°, qui sont dix fois plus rares, dix fois plus importantes et plus complettes, et que l'Académie-Françoise elle-même a diligemment suivies dans son travail, sauf de nombreuses et prudentes réticences dont on comprend très bien le motif, sont loin d'avoir le même prix aux yeux de nos *savants amateurs*. Il faut convenir cependant que cet abrégé, si aisé à faire, a du moins l'avantage de commodité et de propriété que présentent les Dictionnaires spéciaux, et qu'il auroit pu faire apprécier à l'Académie ce procédé naturel et facile, qui consiste à séparer la langue triviale de la populace de la langue classique des gens éclairés. Il en seroit ainsi de toute nomenclature et de toute phraséologie qui ne sont entrées que par une adjonction plus ou moins forcée dans la langue usuelle; encore faudroit-il y joindre le Dictionnaire de ces mots obscènes et grossiers que la pudeur des Dictionnaires d'un usage universel a très convenablement repoussés, mais dont il est à souhaiter que le dépôt reste quelque part, puisque les générations futures ne pourront lire sans y avoir recours, après la mort prochaine de la langue françoise qui périt d'éxubérance, Rabelais, *Eutrapel*, Bonaventure des Perriers, le *Moyen de parvenir*, et vingt autres des chefs-d'œuvre les plus exquis du xvie siècle, *invitis Minervâ et pudore*. Cela vaut bien la peine d'y penser, mais il n'y a, j'en conviendrai, qu'un courage à toute épreuve qui puisse l'entreprendre.

En sommes-nous donc à ce point, me dira-t-on, où la langue françoise n'attend plus que l'assistance, *in articulo mortis*, de l'observation clinique? Et je n'hésiterai pas à répondre : — Hélas, Oui.

CH. NODIER.

Paris, Imprimerie de BRUN, rue du Mail, no 5.

DU
DICTIONNAIRE
DE
L'ACADÉMIE-FRANÇOISE.

PAR M. CH. NODIER.

DEUXIÈME ARTICLE.

PARIS,
TECHENER, LIBRAIRE, PLACE DU LOUVRE, N° 12.

Septembre 1835.

DU

DICTIONNAIRE

DE L'ACADÉMIE-FRANÇOISE.

SIXIÈME ÉDITION.

Il résulte de mon article précédent que l'Académie-Françoise a suivi, à très peu de chose près, dans cette sixième édition de son *Dictionnaire*, le plan qui lui avoit été tracé dès la première; et je n'ai pas hésité à dire que, non seulement elle avoit très bien fait en ce point, mais qu'elle seroit plus louable encore si elle étoit restée fidèle à ce système dans les occasions, heureusement très rares, où elle s'en est écartée. Je suis en effet convaincu que des deux innovations auxquelles l'Académie-Françoise a obtempéré, d'ailleurs avec une prudente économie, celle de l'orthographe voltairienne et celle de la nomenclature moderne des sciences, il ne restera pas la moindre trace dans la langue usuelle et littéraire, quand la succession des temps amènera la septième édition du *Dictionnaire*, si elle l'amène jamais. Alors, la nomenclature souvent renouvelée se sera réfugiée dans les *dictionnaires spéciaux*; alors, les loix étymologiques de l'orthographe, éclaircies par un bon savoir, seront devenues aussi intelligibles aux esprits justes qu'elles sont rationnelles; ou bien la langue aura fini de finir. Elle sera morte.

Il seroit donc fort rigoureux à mon avis, et je ne saurois trop le répéter, de chicaner l'Académie-Françoise sur ces deux concessions qu'elle n'a pu refuser à l'esprit du temps. A force d'entendre dire que l'intelligence humaine étoit en progrès, l'Académie-Françoise a dû croire qu'il en étoit de même du langage ; car l'Académie Françoise est composée d'hommes, et les hommes croient tout ce qu'on leur dit.

Si pourtant l'Académie a laissé à la critique une part qu'elle n'auroit pu lui enlever sans lui en abandonner une autre, elle a offert à la saine lexicographie une compensation immense dans les améliorations notables de cette sixième édition. Des additions innombrables prescrites par l'usage, et confirmées par l'autorité des bons écrivains les plus récents ; des définitions plus exactes, ordinairement plus claires, et quelquefois plus correctes ; une multitude d'acceptions oubliées, restituées à leur place naturelle, et justifiées par des phrases d'exemple bien faites, ou empruntées aux formes les plus vulgaires et les plus accréditées du langage des gens qui parlent bien, donnent à cette édition vraiment classique un avantage considérable sur toutes celles qui l'ont précédée. Le *Prospectus* publié par MM. Didot, et que la publication du *Dictionnaire* doit suivre de près, renferme un curieux *Specimen* de ces augmentations que le mouvement des esprits et des idées a rendues essentielles, mais qu'un sage esprit de discussion et de critique a maintenues partout dans de justes bornes. Il est fâcheux que cet échantillon soit entaché, dès son commencement, d'une faute malheureusement trop commune, consacrée par l'autorité des éditions antérieures, et que je n'ai pas évitée dans ma laborieuse révision du *Dictionnaire* de Boiste. Ce n'est que par un oubli condamnable du principe étymologique des mots qu'on écrit indifféremment *Charte* ou *Chartre*, dans l'acception d'ancien titre, lettres-patentes, loi fondamentale, constitution. Il faut toujours écrire en ce sens, *Charte* qui vient de *Charta*, et ne peut pas venir d'autre chose.

L'origine de l'orthographe abusive *chartre*, est certainement dans *chartrier*, archiviste ou conservateur des *chartes*, qui est un mot bien fait, mais qui vient de *chartarius* et *chartularius*, où l'élément nouveau s'est introduit par une nécessité sensible. Dans le substantif radical, il est tout à fait vicieux ; j'aimerois presque autant qu'on écrivît *perne* de *pater*, au lieu de *père*, parce que de *paternus* on a tiré *paternel*. Cette fâcheuse cacographie de *chartre* est encore plus grave sous ce rapport, que *chartre* est lui-même, dans l'acception de *forteresse* ou de *prison*, un mot très françois dont l'étymologie est dans *carcer* ou dans *castrum*, et qui nous a fourni une locution fort vulgaire, *tenir en chartre privée*. Les médecins appeloient *chartre* jadis, c'est-à-dire du temps où les médecins parloient françois, une sorte de *tabes* ou de consomption des enfans, qui les retenoit, languissants, dans le domicile de leurs parents, loin de tous les plaisirs de leur âge, et c'étoit une figure vive, ingénieuse et hardie. Une *chartre* constitutionnelle, au sens étymologique, seroit une espèce de cachot de papier où l'on emprisonne la légalité; et il faut prendre bien garde de donner lieu aux méchantes allusions, même dans les dictionnaires. Ce qu'il y a de certain, c'est qu'on doit respecter l'étymologie, parce que l'étymologie est le génie des langues, et une conclusion de cette importance me justifieroit peut-être de m'être engagé dans une discussion trop minutieuse, si je n'avois eu à cœur aussi de prouver, par une critique légère, l'impartialité de mes éloges, qui risqueroient fort, sans cela, de paroître suspects. Cette erreur, de peu d'importance, est presque la seule d'ailleurs, qu'un examen approfondi m'ait fait découvrir, jusqu'ici, dans la sixième édition du *Dictionnaire de l'Académie-Françoise*. Des yeux plus exercés en découvriront d'autres, sur lesquelles l'Académie sera obligée de passer condamnation : mais quel dictionnaire est sans fautes ?

Un des grands écueils des dictionnaires qui se réimpriment, c'est cette émulation du mieux qui a fait tomber tant de lexicographes dans le pire et dans le détestable. Toutes les fois que vous voyez un nouveau dictionnaire se targuer fièrement d'une augmentation de trente mille mots, vous pouvez poser en fait, sans crainte de vous tromper, que ce dictionnaire contient vingt-neuf mille cinq cents barbarismes qui n'étoient pas dans les autres, car il ne s'introduit pas plus de cinq cents mots nécessaires dans une langue, pendant toute la durée d'un siècle ; et les honnêtes lecteurs qui se laissent éblouir par ces annonces fanfaronnes, sont sur la voie directe qui mène à désapprendre le françois. Rien n'étoit plus facile, par exemple, à l'Académie-Françoise, que de rajeunir son vieux travail, en le compliquant de ces exemples de prononciation figurée qui font depuis cent ans la fortune de ses plagiaires ; et l'Académie n'a voit sagement pensé qu'il est impossible de figurer exactement la parole, dans une langue où plus du tiers des sons parlés manquent de signes écrits qui les rendent avec une stricte propriété. Elle s'est donc judicieusement renfermée dans des définitions vagues, sans doute, mais qui ne sauroient être plus précises, et dont l'application ne peut être enseignée que par l'usage. Il sera, je crois, assez piquant d'examiner comment les vocabularistes ont pourvu à cette difficulté radicale, devant laquelle reculoient le goût et la prudence de l'Académie. Je m'en tiendrai pour cela au double LL, ou L mouillé, dont aucun signe simple ne figure la valeur réelle dans notre alphabet.

Qu'est-ce en effet que le double LL ou L mouillé? C'est tout bonnement un L mouillé, c'est-à-dire un signe factice que nous distinguons par un nom de convention, parce que nous n'avons point de signe propre à en exprimer la valeur, et l'Académie auroit été bien embarrassée de le mieux définir avec les signes que nous avons. C'est une articulation *sui generis*, et tout aussi caractérisée qu'aucune autre, mais qui n'a jamais été représentée dans les orthographes néo-latines que par des signes composés, et qu'il sera impossible de représenter autrement, tant que la néographie ne nous aura pas dotés d'un alphabet complet, si elle est capable d'en faire un, et surtout de le faire recevoir. L'Académie a donc pris le seul parti qu'il y eût à prendre, quand elle s'est renfermée dans une phrase technique, au lieu de se perdre en fausses approximations qui n'aboutiroient en dernier lieu qu'à vicier la prononciation d'une manière irréparable en entreprenant de l'éclaircir.

Si la définition de l'Académie ne vous suffit pas, et je conviens qu'elle ne peut suffire, parce que la théorie de la prononciation ne sauroit en remplacer la pratique, demandez au premier Italien venu comment il prononce *gli* article, à un Espagnol comment il prononce le double *ll* de *llamar*. Faites mieux encore, prenez la peine de vous en informer auprès de l'écaillère du coin, chez l'émailleur, chez le quincaillier, chez le taillandier, chez votre *tailleur*; de l'homme qui donne de la *paille* à vos chevaux, de la bonne qui donne de la *bouillie* à vos enfants. Toute émission de la parole qui n'a point de signe écrit dans l'alphabet, ne peut s'enseigner par d'autres moyens que la parole.

Qu'ont fait dans cet embarras nos habiles phonographes de vocabulaires? Le mieux avisé a écrit *mouyé*, qui se rapproche au moins de la prononciation naturelle; le son de notre prétendu *y* grec, comme on le lit dans *moyen* et dans *moyeu*, étant une véritable consonne douce dont le double *ll* mouillé figure l'articulation analogue, passée à la touche forte; et remarquez bien que cette faute est précisément la même que celle de l'allemand méticuleux ou coquet qui dit *gonzonne* pour *consonne*; mais c'est là moindre de toutes. Le second traduit *moullé*, qui est un barbarisme énorme; et M. Gattel *mouglié*, qui en est un autre, quoiqu'il revienne à la valeur propre de l'articulation dans la bouche d'un Italien. Aussi me garderai-je bien de le désapprouver dans un Dictionnaire françois à l'usage exclusif des Italiens. Quant à M. Landais qui a prétendu trancher tous les nœuds gordiens de la langue, il se félicite d'avoir découvert que *mouillé* se prononce exactement *mou-i-é*, comme si la lettre double n'y étoit pas, et il annonce en grande pompe cette merveilleuse innovation dans un Dictionnaire imprimé avec beaucoup de luxe, mais qui prouve malheureusement que le dernier des dictionnaristes de la langue françoise, par ordre de date, n'en savoit pas tout l'alphabet. Il est inutile d'ajouter que ces quatre orthographes sont également fausses et absurdes; car il n'y a point de degrés dans l'absurde et dans le faux. Quand on est sorti du vrai, on en est aussi loin à une toise qu'à cent lieues. L'introduction même d'un alphabet phonographique n'auroit d'importance réelle pour l'intelligence de notre prononciation, qu'autant qu'elle seroit avouée et consentie par toute l'Europe, et c'est ce qui n'arrivera jamais d'un alphabet de convention. Si M. de Tercy, qui s'occupe depuis long-temps de résoudre cette grande question, a eu le bonheur d'y parvenir, c'est qu'il a ingénieusement suppléé à l'absence de la lettre par l'emploi du chiffre arabe dont l'usage est universel, opération inverse de celle de l'algèbre qui a pourvu à l'insuffisance et à l'incommodité du chiffre arabe par la capitale romaine, mais du même ordre et de la même portée, et qui ne suppose pas un génie d'une moindre puissance.

Fidèle à la conviction si souvent manifestée dans mes articles et dans mes livres, qu'un dictionnaire parfait dans nos langues imparfaites sera toujours un ouvrage impossible, je n'ai guères fait valoir jusqu'ici dans le *Dictionnaire de l'Académie-Françoise* que l'habileté admirable avec laquelle elle a évité, presque en tout et presque partout, les erreurs des autres *dictionnaires*. Mais je serois loin d'avoir rempli tout mon devoir, si je ne rendois, autant qu'il est en moi, une éclatante justice au mérite de ces phrases de définition qui réunissent toutes les qualités d'une définition bien faite, clarté, simplicité, précision, justesse; et dont il a bien fallu que les *dictionnaires* rivaux s'emparassent à leur tour, parce qu'il n'y avoit pas moyen de faire mieux. Or, je le répète, la collection des mots qui composent le dictionnaire est un squelette plus ou moins difforme auquel tout le monde est libre d'ajouter quelque membre parasite ou monstrueux. C'est la définition qui en est l'âme, et qui le fait vivre, sentir et marcher. Il n'y a rien de plus aisé pour les hommes qui possèdent les radicaux de quelque langue ancienne, que d'improviser ces mots *inentendus*, qui donnent un air de nouveauté à la phrase, et qui sont la ressource accoutumée des esprits stériles; mais une définition exacte, complette et claire, comme celles de l'Académie, est une œuvre de savoir, de goût et de raison. J'en dis autant de ces phrases d'exemple, si souvent et si mal-à-propos critiquées, parce qu'on n'a pas cherché à en faire des modèles élégamment inutiles de style oratoire et littéraire, mais dans lesquelles on a reproduit avec un soin religieux tous les mouvements et toutes les formes du langage.

Comment en seroit-il autrement, surtout dans cette nouvelle qui a été l'objet de tant d'investigations et de tant de sollicitudes? Il n'y a pas un mot du *Dictionnaire de l'Académie-Françoise*, et de ces mots pas une acception, et de ces acceptions pas une application usuelle, qui n'aient été scrupuleusement discutés à diverses reprises dans les séances de ce corps illustre où tous les arts de la parole ont des représentants. Repris en sous œuvre, et pour ainsi dire reconstruit durant le secrétariat de M. Auger, assisté d'une commission choisie parmi les hommes les plus versés en lexicologie et en grammaire, le *Dictionnaire* a été terminé sous le secrétariat de M. Villemain, par les soins de M. Droz, et personne ne pourra contester l'autorité de ces deux écrivains dans toutes les questions qui touchent au langage. Dans celles qui appartiennent à la technologie, et je persiste à dire que l'Académie auroit pu s'y montrer plus sobre encore, sans crainte de tomber dans le défaut d'une timidité mesquine, elle s'est constamment éclairée des lumières des autres classes de l'Institut, en les consultant chacune suivant sa spécialité, de sorte que la définition scientifique a presque toujours été rédigée pour elle par le savant lui-même qui avoit fait le mot, ou qui en avoit irrévocablement fixé l'emploi. A le considérer ainsi, on conviendra que le *Dictionnaire de l'Académie-Françoise* se distingue essentiellement de tous les Lexiques ordinaires, et qu'il s'élève du rang vulgaire des recueils de vocables nationaux à celui où de justes respects ont placé les codes et les législations. Ce n'est plus seulement un ouvrage à consulter pour les étrangers et les étudiants; c'est un livre de famille, indispensable à quiconque veut parler la langue du pays en connoissance de cause; c'est la charte littéraire, la bible grammaticale de la nation.

Ajouterai-je que je n'éprouve heureusement aucun embarras à lui payer ce tribut désintéressé ? Arrivé trop tard au sein de l'Académie pour prendre part à ses importants travaux, je n'ai aucune part à réclamer dans ses succès et dans sa gloire. Si quelque rayon jaillit encore, après deux cents ans de cette noble institution qui en a vu passer tant d'autres, jamais le moindre de ses reflets ne s'étendra jusqu'à moi.

J'emploierai un troisième et dernier article à examiner quelques-unes des piquantes satires auxquelles la première édition du *Dictionnaire de l'Académie-Françoise* a donné lieu, et je me suis flatté que les personnes qui daignent me lire pourroient y trouver un double motif d'intérêt : le premier, c'est que ces critiques, souvent trop malicieuses et trop amères, ont cependant plus ou moins contribué à l'éclaircissement de la langue et à l'amélioration du *Dictionnaire;* le second, c'est que les ouvrages qui les contiennent sont entrés depuis quelque temps dans la catégorie de ces livrets rares, que les bibliomanes recherchent avec empressement, et qu'ils ne sauroient trop rechercher, quand ils renferment comme ceux-ci des documents précieux pour l'histoire du langage et de la littérature.

Ch. Nodier.

DICTIONNAIRE
DE L'ACADÉMIE FRANÇOISE.

SIXIÈME ÉDITION.

PAR M. CH. NODIER.

Quiconque se rappellera mes nombreux, et trop nombreux articles sur les dictionnaires en général, et sur le *Dictionnaire de l'Académie* en particulier, pourra me croire fort embarrassé dans la discussion nouvelle où je m'engage aujourd'hui. Je n'ai pas passé jusqu'ici pour homme à lutter d'agilité avec ces légers acrobates de la presse qu'un soubresaut ingénieux fait toujours retomber sur leurs pieds, et comme je signe tout ce que j'écris depuis que j'ai le malheur d'écrire, il ne me reste pas même la ressource, commode et vulgaire, de répudier mes opinions anonymes au profit de l'opinion qu'un intérêt nouveau m'impose. Or, pendant que je me permettois de censurer le *Dictionnaire de l'Académie-Françoise* avec une liberté quelquefois un peu caustique, l'*Académie-Françoise* a daigné m'élever jusqu'à elle, et me rendre par là solidaire, pour un quarantième, du travail qu'elle a si patiemment et si utilement mené à fin.

C'est avec cette position ambiguë du grammairien consciencieux et de l'académicien reconnoissant que viennent se compliquer les obligations sévères du journa liste, et je conviens que toutes ces difficultés, mises ensemble, excéderoient de beaucoup mes forces, si le ministère de l'homme de lettres n'avait pas de secrètes grâces d'état pour un écrivain de bonne foi. Ce que j'ai pensé, je le pense encore, et je le dirois maintenant comme je l'ai dit, si j'avois à le dire.

Il n'existera jamais de dictionnaire parfait dans une langue imparfaite, ou, pour m'exprimer plus largement, un dictionnaire irréprochable est un ouvrage impossible dans une langue qui n'est pas fixée, et nulle langue n'est fixée tant qu'elle est vivante. Il en est de la parole de l'homme comme de sa réputation et de son bonheur dont, suivant l'expression de Montaigne, on ne peut juger qu'après sa mort.

Un dictionnaire est cependant un livre utile, un livre indispensable, un livre de tous les moments. Sans dictionnaire, il n'y a que vague dans les mots, dans les acceptions qui sont l'esprit des mots, dans l'orthographe qui en est la raison. Les nations ont besoin de dictionnaires sous peine de ne pas s'entendre dans leur propre langage, et elles n'y sont que trop disposées ; mais il ne faut demander aux dictionnaires que ce qu'ils peuvent donner, et le pouvoir relatif du lexicographe a des bornes très étroites, parce que sa tâche n'en a point. Le meilleur des dictionnaires possibles, c'est donc seulement le moins mauvais.

On a fait contre la première édition du *Dictionnaire de l'Académie* trois critiques spécieuses qui valent la peine d'être discutées. On a reproché à l'Académie d'avoir dédaigné l'étymologie des mots, de ne s'être pas tenue au courant des nomenclatures scientifiques et industrielles, de ne s'être pas appuyée de citations empruntées aux écrivains accrédités de son temps. On y ajoutoit alors le reproche plus légitime selon moi, mais je suis seul aujourd'hui de mon avis, d'avoir contribué, par un exemple imposant, à l'altération de l'orthographe.

Pour se former une opinion raisonnable de l'œuvre de l'Académie, et pour en comprendre les conditions nécessaires, il faut remonter à l'époque où elle lui fut imposée dans le dessein de fixer et surtout de conserver la langue. Il en est de la bonne critique ainsi que de la bonne législation qui n'a point d'effets rétroactifs.

L'étymologie étoit fort étudiée au dix-septième siècle. Elle l'étoit peut-être trop, parce qu'elle l'étoit mal, et qu'elle ne pouvoit l'être mieux, dans une langue qui avoit mis en oubli les langues intermédiaires, qui ne savoit rien des langues primordiales, et qui ne pouvoit rattacher ses origines aux langues classiques qu'à travers une foule d'hypothèses et de paradoxes. Ménage, qui manquoit toutefois à l'Académie, car c'étoit un homme de grand savoir, étoit lui-même un fort mauvais étymologiste, et il auroit entraîné cette illustre compagnie dans de graves erreurs, si elle avait eu foi à sa parole. L'Académie se montra pleine de prudence et de goût en laissant la recherche de l'étymologie à un âge plus avancé.

Les nomenclatures scientifiques et industrielles étoient une langue mobile et progressive qui se formoit à côté de la langue usuelle et littéraire, et qui devoit un jour la dépasser en signes propres. L'académie le sentit, et ce fut un grand mérite à elle, puisque rien ne pouvoit lui faire prévoir encore le danger de cette invasion sybétique dont toutes les langues sont fatalement menacées. Si elle avoit suivi le plan irréfléchi de Furetière, son *Dictionnaire* seroit tombé au rang des livres surannés avant d'être sorti de l'impression, et il seroit aussi peu consulté aujourd'hui que le *Dictionnaire* de Furetière; les nomenclatures techniques ayant changé plusieurs fois de forme entre chacune de ses éditions. Il y a d'ailleurs une différence énorme entre la langue usuelle des nations, qui est commune à tous, et la langue spéciale des méthodes qui est écrite pour quelques adeptes, quand par hasard elle est écrite pour quelqu'un. Un *Dictionnaire* technologique des vocables qui ont été introduits dans le françois pour faciliter l'étude des sciences et en particulier l'investigation des faits naturels, seroit sans doute à la fois un monument très précieux des progrès de l'esprit humain, et un monument très philosophique de ses aberrations, mais ce ne seroit pas un *Dictionnaire françois*. On peut en juger par les lexiques ambitieux dont les auteurs ont eu recours à ce pitoyable moyen d'enrichir la langue écrite, amalgame hibride et monstrueux des instruments propres du langage, et des instruments factices de cinquante *ergots* divers qui hurlent, comme on dit, d'être ensemble. Que l'Académie des sciences fasse donc des *Dictionnaires* spéciaux, c'est peut-être son devoir; que l'Académie-Françoise s'en tienne au *Dictionnaire* du bon langage, tel qu'il nous a été légué par les maîtres de la parole, et qu'elle se garde bien de l'appauvrir de ce luxe mal entendu qui renouvelle ses pompeux haillons à l'apparition de tous les systèmes, et qui, mode lui même, a l'instabilité de toutes les m..es. Sa tâche sera encore assez grande, et l'Académie s'est montrée d'autant plus digne de la remplir qu'elle a rarement franchi ses bornes: je voudrois pouvoir dire qu'elle ne les a pas franchies, et cependant sa condescendance s'explique, je l'accuse d'avoir été trop modeste et trop poli.

Quant au défaut de citations et d'autorités, c'est cette question surtout qui exige qu'on se reporte au temps où le *Dictionnaire de l'Académie* fut composé. Il étoit établi en principe dans la littérature que la langue françoise datoit de Malherbe. C'étoit une erreur sans doute, une erreur immense, mais une erreur avouée, classique, sacramentelle, qui a prévalu comme une loi; et il y a bien des lois, si on faisoit leur histoire, qui auroient une erreur à la racine de leur arbre généalogique. Malherbe étoit mort il y avoit moins de dix ans, quand l'Académie-Françoise fut chargée du travail du *Dictionnaire*, et dès sa récente institution, elle avoit réuni en elle, sans autre exception que Ménage, tous les hommes qui exerçoient alors quelque influence sur les arts de la parole, car Gabriel Naudé étoit à Rome, et Pascal et Molière ne vinrent que long-temps après. La citation ne pouvoit donc être empruntée qu'à des académiciens vivants, ou tout au plus qu'à ceux qui se décidoient à mourir comme Bois-Robert, en désespoir de voir la fin de l'ouvrage, pendant la lente élaboration des premières lettres; étrange système que celui qui auroit assis les arrêts de l'Académie sur ses propres exemples, et qu'on accuseroit légitimement aujourd'hui d'avoir cumulé dans un corps despotique la faculté exclusive de produire et le droit exclusif de juger. Convenons que la prudente réticence de l'Académie fut l'expression d'une haute pudeur littéraire qui ne mérite que des éloges, et qu'elle sortit très habilement des difficultés de sa position, en substituant à cet étalage orgueilleux de citations qui ne lui étoit pas permis, l'emploi de ces phrases conventionnelles où se reproduisent bien plus sûrement toutes les locutions du langage. Définition exacte des mots introduits par la nécessité qui crée les langues, consacrés par l'usage qui les légalise, et approuvés par le goût qui les épure; exemples variés et complets des acceptions auxquelles ils se plient, des modifications qu'ils subissent, des mouvements de la parole qui les développent et les transforment, tel dût être le double objet que l'Académie se prescrivit dans son œuvre, et on seroit bien rigeureux si on trouvoit ce plan trop circonscrit, même pour une aggrégation d'hommes d'élite. Un écrivain que la linguistique révère parmi ses oracles les plus infaillibles, a dit qu'une définition exacte étoit le chef-d'œuvre de l'esprit humain. Qu'est-ce donc que la définition appliquée à tous les mots d'une langue, surtout quand ils se présentent dans cet ordre incohérent de l'alphabet, qui est loin de prêter à l'analyse les lumières de la logique ? Eh bien ! cette phrase de convention, ce lieu commun de *Dictionnaire*, qui explique et développe la définition dans autant d'exemples que le mot peut recevoir d'emplois divers, et qui le saisit, en quelque sorte, comme un autre Protée pour lui arracher tous ses secrets ; cette manière de parler si simple et si vulgaire en apparence, qui justifie les sens du mot écrit par l'autorité bourgeoise, mais essentielle, de la bonne conversation, exige aussi, pour s'énoncer avec justesse et clarté, beaucoup de finesse de tact et beaucoup de netteté d'expression. Qu'on ne s'abuse point là-dessus ! Le fameux *Lexicon contextat* de Scaliger n'est pas une plaisanterie, et c'est un livre extrêmement difficile à faire qu'un *Dictionnaire* type, qu'un *Dictionnaire* de création comme celui de l'Académie. Les copistes ont plus beau jeu, et les aristarques aussi.

L'Académie a donc agi avec une parfaite sagesse quand elle a repoussé de son plan l'*étymologie*, qui étoit encore à trouver, la *nomenclature scientifique* qui sera toujours à faire, et la *citation classique*, impossible dans une langue de vingt ans, dont l'Académie résumoit toutes les autorités. Je ne dis pas pour cela, Dieu m'en garde, que l'*étymologie*, la *nomenclature* et la *citation* ne soient des choses fort bonnes en elles-mêmes, et qui demandent d'être écrites avec puissance et gravité, quand on saura les écrire ; mais ce n'étoit alors ni le lieu ni le temps. L'Académie avoit à composer le *Dictionnaire* de la langue usuelle, à l'éclaircir par des définitions judicieuses, à rendre ces définitions sensibles par des exemples familiers, mais correctement exprimés. C'est ce que l'Académie a fait, et j'ai déjà dit que si elle avoit fait autrement, on ne parleroit plus de son *Dictionnaire* qui est resté règle de langue, *et principium et fons*. Il seroit usé aujourd'hui comme les folles étymologies de Court de Gébelin, comme les nomenclatures caduques de Tournefort et de Macquer.

Dans les langues plus qu'ailleurs, et mille fois davantage, *le mieux est ennemi du bien*. Les améliorations systématiques anticipent sur leur vieillesse, hâtent leur décadence, et précipitent leur chute. Les ambitions de l'intelligence ont cela de commun avec toutes les ambitions, que, parvenues sur le faîte, elles aspirent à descendre. Il n'y a point d'innovation, même dans la forme de la parole, qui ne lui ait porté plus de préjudice qu'une invasion de barbares. Si Omar a brûlé les bibliothèques, je vois peu de différence entre lui et Lycophron dont la phraséologie capricieuse les rendoit inutiles, et je donnerois volontiers l'avantage au soldat sans lettres qui détruit les monuments les plus précieux d'une littérature, sur le lettré sacrilège qui les profane. C'est pour cela que je ne saurois approuver cette déplorable innovation d'orthographe, accréditée par la presse ignorante, et qui vient d'être sanctionnée par l'Académie sous l'autorité de Voltaire. Voltaire est le plus ingénieux et le plus brillant des écrivains de notre dernière période littéraire, mais c'étoit un esprit absurde en grammaire, comme dans toutes les sciences exactes ou philosophiques auxquelles il a osé toucher. Il falloit le laisser au seuil des sciences avec sa double couronne de poëte et de prosateur. C'est une faute irréparable que de l'avoir suivu plus loin. L'Académie commence un *Dictionnaire* historique de la langue, appuyé sur la citation. Je voudrois bien savoir ce qu'elle y fera de la prétendue orthographe de Voltaire.

Je n'aurai probablement pas beaucoup d'autres objections à faire contre le système lexicologique de l'Académie. Mais je devois celle-ci à ma conscience de grammairien, à cette indépendance d'homme de lettres que l'Académie a toujours respectée dans ses membres, et qui permettoit à Mezeray d'écrire sur la marge d'une de ses délibérations la fameuse protestation normande : *Nonobstant clameur de haro*.

J'examinerai dans un article prochain la dernière édition du *Dictionnaire de l'Académie*, et je n'aurai pas de peine à démontrer qu'elle lui maintient le premier rang parmi tous les *Dictionnaires* de notre langue.

Paris, imprimerie de BRUN, rue du Mail, n° 5.

BIBLIOGRAPHIE DES FOUS.

DE QUELQUES LIVRES EXCENTRIQUES.

PAR M. CH. NODIER.

(2ᵉ ARTICLE.)

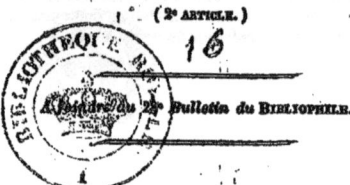

Extrait du 2ᵉ Bulletin du Bibliophile.

PARIS,

TECHENER, LIBRAIRE, PLACE DU LOUVRE, Nº 12.

Novembre 1835.

BIBLIOGRAPHIE
DES FOUS.

DE QUELQUES LIVRES EXCENTRIQUES.

PAR M. CH. NODIER.

A joindre au 21ᵉ Bulletin du Bibliophile.

PARIS,
TECHENER, LIBRAIRE, PLACE DU LOUVRE, Nº 12.

Novembre 1835.

BIBLIOGRAPHIE
DES FOUS.

DE QUELQUES LIVRES EXCENTRIQUES.

J'entends ici par un livre *excentrique* un livre qui est fait hors de toutes les règles communes de la composition et du style, et dont il est impossible ou très difficile de deviner le but, quand il est arrivé par hasard que l'auteur eût un but en l'écrivant. Ce seroit très mal juger Apulée, Rabelais, Sterne, et quelques autres, que d'appeler leurs ouvrages des livres excentriques. Dans les brillantes débauches de leur imagination, la raison n'est point un guide éclairé qui les précède ou les accompagne, mais c'est une esclave soumise qui les suit en souriant. Le *Moyen de parvenir*, si mal à propos attribué à Béroalde de Verville, n'est pas lui-même un livre excentrique. C'est une facétieuse image des saturnales de l'esprit débarrassé de toute contrainte, et livré sans lisières à la fougue de ses caprices. Il faut sans doute avoir pris en grand dédain la fausse sagesse des hommes pour s'en jouer avec cette audace, mais il faut connoître ses ressources et posséder ses secrets. Si on pénétroit bien avant dans le mystère de ce travail, on y trouveroit peut-être plus d'amertume et de dégoût que de cynisme et de folie.

Les livres excentriques, dont je parlerai fort superficiellement dans ces pages dont le cadre est extrêmement circonscrit, ce sont les livres qui ont été composés par des fous, du droit commun qu'ont tous les hommes d'écrire et d'imprimer; et il n'y a pas de génération littéraire qui n'en offre quelques exemples. Leur collection formeroit une bibliothèque spéciale assez étendue que je ne recommande à personne, mais qui me paroît susceptible de fournir un chapitre amusant et curieux à l'histoire critique des productions de l'esprit. Je me contenterai, suivant mon usage, d'effleurer cette matière, pour la signaler à des études plus libres, plus laborieuses, et plus étendues que les miennes. Mes savants amis Brunet et Peignot pourroient y trouver le texte d'un ouvrage très piquant, qui prendroit une place essentielle et vide encore dans les annales de l'intelligence humaine.

Il y auroit même moyen de lui donner un aspect satirique en faisant rentrer dans cette catégorie toutes les extravagances publiées avec une bonne foi naïve et sérieuse par les innombrables visionnaires en matière religieuse, scientifique ou politique, dont nos siècles de lumières ont foisonné depuis Cardan jusqu'à Svedenborg, et depuis Svedenborg jusqu'à tel écrivain vivant, dont je laisse le nom en blanc pour ne point faire de jaloux; mais cette base seroit trop large, et le bibliographe risqueroit de s'égarer en la mesurant. Le plus sûr est de l'enfermer dans un petit tour de compas qui n'excèdera pas de beaucoup l'enceinte géographique de la Salpêtrière ou de Charenton. Nous y logerons les plus pressés, en attendant que le bon sens des nations ait fait justice des autres.

La liste des fous, ainsi restreinte aux fous bien avérés qui n'ont pas eu la gloire de faire secte, ne sera jamais fort longue, parce que la plupart des fous conservent du moins assez de raison pour ne pas écrire. Elle n'effraiera pas les honnêtes gens qui font leurs délices de la gracieuse et frivole science des livres. Je leurs taillerois une tout autre besogne en leur proposant de s'occuper de la Bibliographie des sots. Cela, c'est la mer à boire.

L'histoire littéraire des anciens n'enrichiroit pas beaucoup la nomenclature des fous qui ont écrit, puisque nous n'y admettions ni les poètes ni les philosophes. La folie même étoit de leur temps une maladie rare ou peu connue, à moins qu'elle ne se soit sauvée alors de la déconsidération où elle est tombée aujourd'hui, sous quelque sobriquet honorable. On enverroit maintenant Diogène aux petites-maisons, et les Abdéritains, plus sages qu'Hippocrate, faillirent y envoyer Démocrite. C'est une chose admirable que d'être né à propos.

Il y avoit d'ailleurs dans l'antiquité une puissance éminemment sociale qui maintenoit de siècle en siècle dans un constant équilibre l'intelligence des peuples, et qui affranchissoit chaque génération nouvelle des aberrations les plus grossières de la génération passée. L'absurde n'avoit qu'un temps. Cette puissance, tombée en désuétude, palladium gothique des polices humaines, s'appeloit le *sens-commun*. Il résultoit de là que la folie ne vivoit que l'âge d'un fou, et qu'elle ne s'étendoit point aux âges suivants comme une contagion triomphante, car la presse n'étoit pas inventée. Aux jours où nous vivons, le livre remplace l'homme, et s'il fait vibrer par hasard une corde véritable de l'imagination ou du cœur, il devient thaumaturge et sectaire comme le fou qui l'a écrit. Depuis Guttenberg et les siens, l'astrologie judiciaire a régné deux siècles, l'alchimie deux siècles, la philosophie voltairienne un siècle, et je ne répondrois pas qu'elle fût morte. Il n'y en auroit pas eu pour vingt-cinq ans à Rome. Il n'y en auroit pas eu pour cinq ans du temps de Cicéron, où un livre insensé n'auroit trouvé ni copistes, ni acquéreurs.

La publicité ne mettoit en circulation chez les anciens que des ouvrages soumis à une censure préalable, car la pensée étoit soumise à une censure inflexible dans leurs républiques modèles, et j'ai déjà nommé le tyran qui l'exerçoit avec une autorité souveraine. C'étoit le *sens-commun*, la bonne foi, la conscience, la raison unanime du peuple. Chez les modernes, la publicité verse dans la circulation immense des livres, sans examen et sans choix, tout ce qu'il y a de bon et d'utile, tout ce qu'il y a de mauvais et de dangereux, tout ce qu'il y a d'inepte et de ridicule, tout ce qui peut servir à éclairer les hommes sur leurs intérêts moraux ou à les perdre irréparablement jusqu'à la consommation des âges.

C'est grâces à un tel état de choses que la folie et les fous peuvent avoir quelques intérêts à démêler avec l'érudition bibliographique et la littérature. On ne se seroit pas avisé de ce phénomène du temps d'Aristote, d'Horace et de Quintilien.

Un des plus grands fous dont les quatre siècles de l'imprimerie me rappellent le souvenir, s'appeloit François Colonna, ou Columna. C'étoit un religieux dominicain de Trévise ou de Padoue, qui avoit perdu la tête de deux passions à la fois, et il n'en faut que moitié pour troubler un meilleur cerveau. La première étoit celle que lui avoit inspirée l'étude de l'antiquité et de ses monuments ; nous vivons heureusement à une époque où elle obtiendroit quelque indulgence. La seconde, qui en mérite davantage à mon avis, même dans un dominicain, c'étoit l'amour. Une Ippolita ou Polita qu'il a nommée Polia par respect pour le grec, et dont le baptême scientifique a donné lieu à d'étranges conjectures, acheva de lui déranger l'esprit, et comme il étoit écrit que rien ne manqueroit à sa destinée de tout ce qui peut completter l'individualité caractéristique d'un fou, sa maîtresse étajt aussi folle que lui, c'est-à-dire savante, à lier, ce qui a fait croire, par parenthèse, aux amateurs d'allégories que cette Polia n'était autre chose que l'antiquité elle-même.

L'amant de Polia prend soin de raconter avec toute la naïveté dont il pouvoit être capable dans un style inouï qui auroit déconcerté la pénétration d'OEdipe, que sa première intention avoit été d'écrire en langue naturelle et intelligible, et je voudrois bien savoir ce que seroit la langue naturelle du frère François Colmnna! mais qu'il fût détourné de ce projet par les prières de sa bien-aimée qui l'avoit engagé à couvrir leurs amours d'un voile impénétrable au vulgaire. Ils y ont tous les deux merveilleusement réussi, car l'*Hypnerotomachia Poliphili* (c'est le titre du livre) est restée lettres closes pour le grand Vossius comme pour nous. C'est, quant au langage, une macaronée polyglotte de mots hébreux, chaldéens, syriaques, latins et grecs, brodée sur un canevas d'italien corrompu, relevé d'archaïsmes oubliés et d'idiotismes patois, qui ont mis en défaut jusqu'à l'imperturbable perspicacité de Tiraboschi. Sous ce rapport, François Columna pourroit bien être l'inventeur de l'hybride et du pédantesque, et telle qu'elle est, cette monstrueuse Babel d'une imagination en délire contient d'inappréciables trésors pour les philologues qui sauront la lire avec soin, en faisant abstraction du fond inextricable de la pensée pour ne s'attacher qu'aux formes extérieures de la parole. Je ne dis rien de ses admirables gravures monumentales et architecturales qui la recommandent bien autrement à l'attention et presque au culte des artistes.

Il est évident d'après cela que notre fou étoit au moins

très érudit dans les lettres et dans les arts, et Félibien n'hésite pas à avancer qu'il a laissé fort loin derrière lui la grandeur et la magnificence de Vitruve. Il étoit passé maître aussi en archéologie, et à tel point que ses épitaphes et ses inscriptions fantastiques ont trompé jusqu'au bon sens des plus sages antiquaires, ce que j'ai pour ma part quelque difficulté à concevoir, car son latin classique ne vaut pas mieux que son italien. Ils n'appartiennent en propre à aucune langue.

Guillaume Postel n'étoit pas amoureux, ou s'il fut amoureux de sa *mère Jeanne*, il étoit encore plus fou qu'on ne pense, mais il eût comme frère François l'avantage d'être fou dans tous les idiômes savants de la terre. Celui-là étoit prodigieusement versé dans l'étude de toutes les choses qu'il est presque bon de savoir, et d'une multitude d'autres qu'il auroit été fort heureux d'ignorer. Bien qu'il n'eût tenu qu'à lui de se composer comme Columna un langage intraduisible, de tous ceux qu'il avoit explorés dans sa laborieuse vie, on ne voit pas qu'il se soit piqué nulle part de déconcerter l'intelligence de son lecteur par cette fusion baroque d'éléments discordants, et on doit même dire à sa louange que sa phrase seroit assez nette si ses idées l'étoient jamais. Deux préoccupations qui n'ont cessé de le dominer, et qui font pour ainsi dire l'âme de ses livres les plus célèbres, enlevèrent ce prodigieux esprit à la culture des lettres utiles: la première étoit la monarchie universelle sous le sceptre d'un roi françois, rêve ambitieux d'un patriotisme extravagant, que nous avons vu cependant tout près de se réaliser: le second étoit l'achèvement de la Rédemption imparfaite par l'incarnation de Jésus-Christ dans la femme, et, à la mysticité près, nous savons que cette chimère n'est pas entièrement abandonnée de nos jours. Au dix-neuvième siècle, Postel auroit certainement tenu quelque place éminente dans les conseils secrets de l'empire et dans le conclave de Montmartant, « ce qui n'empêche pas qu'il y eût en lui un fou fanatique, un fou fantastique, un fou hyperbolique, un fou proprement, totalement et complétement fou », comme parle Rabelais, et ce qui prouve peut-être qu'il y en avoit deux.

La chimère incroyable de la Nouvelle Rédemption, par l'intermédiaire d'une vieille bigote vénitienne que Postel appelle la *Mère Jeanne*, est le sujet de trois de ses ouvrages, les *Très merveilleuses victoires des femmes du Nouveau-Monde*, Paris, 1553, in-16, le *Prime neve de Altro Mondo*, Venise, 1555, in-8°, et *Il Libro della divina ordinatione*, Padoue, 1553, même format. Ces deux derniers, dont je ne pense pas qu'il existe un autre exemplaire, et qui avoient été estimés *trois cents francs* par le libraire Martin, dans le catalogue de Boze, il y a quatre-vingt-deux ans, ont été vendus en un seul et mince volume au prix énorme de *neuf cents francs*, chez Gaignat, et offerts pour *cinq cents* chez Mac-Carthy. Ils ont passé de là dans mes mains, et je n'ai prétendu tirer de ces particularités bibliographiques qu'une induction de peu de valeur : c'est qu'aussitôt que la *scribomanie* a suscité un fou pour écrire de pareilles inepties, la bibliomanie ne manque jamais d'en susciter un autre pour les acheter.

J'espère qu'on ne me saura pas mauvais gré de franchir un siècle pour passer de Guillaume Postel à Simon Morin ; c'est un petit passe-droit que je fais subir à la chronologie au bénéfice de la logique, s'il peut toutefois être question de logique dans la bibliographie des fous. Simon Morin, dont les *Pensées* parurent en 1647, avoit en effet quelque parenté avec Postel dans le genre de ses visions, mais il ne peut lui être comparé en aucune manière sous le rapport du savoir. C'étoit un pauvre diable qui avoit commencé par le métier d'écrivain public et fini par celui de tavernier, avant de s'aviser qu'il pourroit bien être Dieu le fils. Une fois qu'il eut acquis cette conviction, il chercha naïvement à la communiquer aux autres, mais la cour et le clergé refusèrent de le prendre au mot, et le Châtelet, qui n'entendoit pas raillerie sur ces matières, l'envoya brûler en Grève avec son livre, pendant qu'on fouettoit autour du bûcher quelques-unes des femmes libres du temps. Cette malheureuse victime de l'intolérance religieuse, et une des dernières qu'elle ait immolées, étoit née dans un mauvais siècle. Du nôtre, Simon Morin, plus modéré dans ses prétentions, se seroit contenté du pontifical suprême. Il auroit fondé une nouvelle église catholique en face de l'ancienne, et on n'en parleroit plus.

Il faut maintenant que je rétrograde jusqu'au règne d'Henri IV pour désigner en passant *la Quintessence du quart de rien* et la *Sextessence stallactique* du sieur de Mons, auxquelles les amateurs attachent un prix assez élevé, quoiqu'ils ne sachent pas où les mettre. La plupart des bibliographes ont en effet rangé ces bouquins polymorphes dans l'*Histoire de France*, l'abbé Langlet Dufresnoy les rapporte à la *théologie mystique*, et M. Brunet les restitue à la *poésie*. C'est que le sieur de Mons étoit un fou très complexe, et que la variété de ses lubies l'avoit mis en fonds d'extravagances pour tout le monde. Je ne serois pas étonné qu'il fût réclamé aussi par les alchimistes, et s'il avoit vécu au xixe siècle, il ne lui manqueroit rien, car il étoit doué d'une merveilleuse propension à se teindre de toutes les aberrations et de tous les *non-sens* qui se trouvoient en circulation de son vivant. Ce n'étoit pas un monomane, tant s'en faut, mais un maniaque à facettes, continuellement prédisposé à répéter toutes les sottises qu'il voyoit faire et toutes celles qu'il entendoit dire, un rêveur caméléon qui jouissoit de la plupart des prétendues propriétés de son type, mais qui ne réfléchissoit que la folie ! La *Quintessence* et la *Sextessence diallactique* de de Mons sont très réellement la quintessence et la sextessence de l'absurde. Aussi ont-elles figuré long-temps parmi les livres précieux et chers, quand l'absurde ne couroit pas les rues. Aujourd'hui je comprendrois facilement qu'elles perdissent un peu du mérite exceptionnel sur lequel leur bizarre fortune s'étoit fondée. La concurrence s'est beaucoup augmentée dans nos jours de perfectionnement : elle a mis l'absurde au rabais.

J'aurois été indigne d'embrasser le plan même de ces chapitres éphémères, causeries sans conséquence que l'on abandonne où l'on veut, si je n'y avois vu de place que pour les quatre fous *seigneuriaux* dont il est question dans celui-ci, François Columna, Postel, Simon Morin et de Mons. Quoique j'aie promis de me borner, et que j'en sente la nécessité dans une matière si étendue; quoique j'aie laissé de côté bien des noms plus obscurs encore, et dont la célébrité d'un moment n'a légué de souvenirs qu'à une demi-douzaine d'adeptes qui ont pris la ferme résolution de ne rien oublier, je ne peux me refuser à prolonger cette liste baroque jusqu'à une époque un peu plus rapprochée de celle où j'écris. Ce seroit faire tort aux deux premiers siècles de l'imprimerie que d'enclore dans leur courte durée l'éternelle dynastie des fous littéraires, si vivante et si florissante dans les deux siècles qui les ont suivis; et je manquerois précisément en cela le principal objet de ma revue, qui est tout à la gloire des progrès de la déraison, du radotage et du mensonge, sous la souveraine influence de la typographie. Je reviendrai donc dans un article prochain à cette prodigieuse maladie *livresque* pour laquelle les médecins philosophes n'ont pas encore inventé de nom, et ce n'est pas, comme on sait, la difficulté d'en faire un qui les embarrasse. Je dois seulement répéter qu'il ne sera pas question ici des folies flagrantes de la saison qui court. Mon caractère connu m'a rendu étranger à toute espèce d'hostilité, et je me ferois grandement scrupule de porter obstacle aux développements de la vocation la plus saugrenue que l'on puisse imaginer. Il faut réserver cette amusante sollicitude aux gens raisonnables de la génération à venir, si l'avenir a des générations, et s'il y a des gens raisonnables.

Depuis que j'ai eu le malheur de me faire des ennemis irréconciliables de deux ou trois grands hommes que j'ai portés jusqu'aux nues, mais que je n'ai pas eu la force d'y soutenir, et qui estiment par conséquent que je ne les ai pas assez loués, j'ai juré, d'ailleurs, de la manière la plus solennelle, de ne plus parler des contemporains. Les fous peuvent être tranquilles.

CH. NODIER.

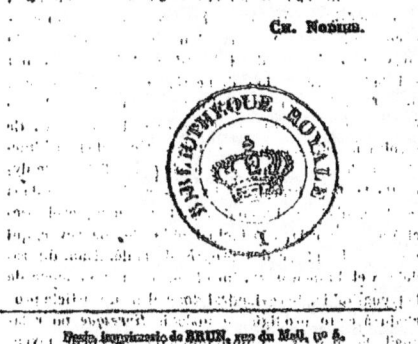

BIBLIOGRAPHIE DES FOUS.

DE QUELQUES LIVRES EXCENTRIQUES.

Douzième article.

Retournons au Charenton du Parnasse; ou plutôt, pour ne pas effaroucher nos écrivains de l'expectative d'un Panthéon injurieux, ouvrons à leurs ombres fantasques un plus gracieux élysée;

Vanvres que chérit Galatée,

lieux ravissants, frais paysages, délicieux paradis des fous, dont le docteur Falret et le docteur Voisin tiennent la clé, du privilége héréditaire qu'ont tous les enfants d'Esculape de commander dans les jardins d'Apollon : asyle paisible et riant qui fait désirer d'être fou aussi quand on commence à le devenir, et où j'aurai peut-être quelque place à réclamer un jour en ma double qualité d'étymologiste et de bibliomane. Je le proposerois volontiers aujourd'hui à la foule toujours croissante de nos poëtes, si l'entrée en étoit gratuite, mais il n'y a plus de poëtes riches que les poëtes sensés, et ceux-là ne sont pas même assez fous pour être poëtes. Les fous de Vanvres sont de fortunés mortels qui avoient assez d'argent pour se passer de raison. Nos fous littéraires n'ont ni raison ni argent : c'est trop de malheurs à la fois.

Un des fous les plus caractérisés du XVIIe siècle est un certain Bernard de Bluet d'Arbères, qui se qualifioit du sobriquet de *Comte de Permission* et de *Chevalier des ligues des XIII cantons suisses*. Je présume que le *Comte de Permission* usurpoit comme tant d'autres ces hautes distinctions nobiliaires, sans permission du roi et de monseigneur le chancelier. Elles ne lui furent cependant pas plus contestées que celle de *Prince des sots* à Nicolas Joubert dit Engoulevent. En fait de titres de noblesse, les fous et les sots ont toujours joui d'une grande latitude en France. L'usage de ces immunités n'a pas même beaucoup périclité en apparence, depuis que les révolutions nous ont donné l'égalité civique. Les sots et les fous avoient pris l'habitude de passer devant de leur plein pouvoir, et je ne crois pas qu'ils l'aient perdue. La raison n'y peut rien. Il faudroit élargir Vanvres, ou réformer le monde.

Bluet d'Arbères avoit un grand avantage sur les fous de notre époque. Il étoit admirablement naïf. Dès l'*Intitulation et Recueil de toutes ses œuvres*, il vous avértit « qu'il ne sçait ny lire ny escrire, et n'y a jamais appris. » Excellent Bluet d'Arbères qui se fait auteur sans savoir ni lire ni écrire, et qui en prévient amiablement le public, comme d'une chose toute naturelle! Homme digne de l'âge d'or, et que tous les âges envieront à la première année du XVIIe siècle! On n'y fait plus tant de façons.

La première pensée qui me seroit venue en ouvrant le livre d'un homme qui ne sait ni lire ni écrire, et qui l'avoue avec candeur, c'est qu'on pouvoit y trouver quelques-unes des idées sensées, des révélations ingénues, des expressions pittoresques et vigoureuses que la lecture et l'écriture nous ont fait perdre. Quand on a, pour faire un volume de ses œuvres, l'immense avantage de ne savoir ni lire ni écrire, on est presque maître dans la pensée, et j'imagine qu'il ne faut plus que vouloir pour remuer puissamment le monde. Bluet d'Arbères n'eut pas l'esprit de profiter de son ignorance. Il est presque aussi nul et aussi stupide que s'il avoit passé sa vie au collége.

Les biographies ont étrangement négligé Bluet d'Arbères, dont les trois ou quatre volumes (et jamais on n'en a rencontré un exemplaire complet), se vendent 5 ou 600 francs, c'est-à-dire deux ou trois fois plus que l'*Encyclopédie* de Diderot et d'Alembert, qui n'est pas un ouvrage plus sensé, mais qui prouve plus de talent. Ce que l'on peut conclure de son indéfinissable fatras, c'est que le comte de Permission étoit né dans la dernière classe du peuple, et qu'il avoit commencé par être berger comme Sixte-Quint et Janseray-Duval. C'est en 1566 que le hameau d'Arbères, dans le pays de Gex, à quelques lieues de Genève, produisit à sa gloire éternelle ce grand homme sans lettres, dont les élucubrations représentent dans la bibliothèque d'un amateur la valeur commerciale des meilleures éditions de la Bible, d'Homère, d'Horace, de Platon, de Montaigne, de Molière et de La Fontaine. Infatué dès son enfance de visions apocalyptiques, il passa d'abord pour inspiré parmi les pauvres pasteurs du village, en attendant que l'adolescence l'eût remis à sa place naturelle, et réduit à n'être pour le reste de sa vie qu'un imbécille excentrique. Le récit ingénu jusqu'au cynisme qu'il nous a laissé des hallucinations de cet âge, donne lieu de présumer que certains gentillâtres savoyards, fort embarrassés de leur oisiveté et de leur argent, s'en firent tour à tour une espèce de fou à titre d'office, en le leurrant par le luxe des habits, et par les tentations plus séduisantes encore de l'amour physique auquel il étoit fort enclin. Jamais homme n'eut plus belles et plus nobles amoureuses que Bluet d'Arbères, et n'en fût accueilli avec des privautés plus capables de déranger un meilleur esprit, car les femmes prennent volontiers un cruel plaisir à faire des avances qui ne les compromettent point. Sous ce rapport, le stupide orgueil d'un *crétin* procure plus de jouissances que la sensibilité et le génie, et *le comte de Permission* pourroit bien avoir été plus heureux en amour que le *citoyen de Genève*. Au demeurant, il n'y a pas beaucoup à dire pour le choix. Se croire aimé des femmes, autant qu'elles peuvent aimer, ou l'être réellement, c'est presque la même chose.

Je n'ai pas eu la patience de m'informer de l'âge qu'avoit Bluet d'Arbères, quand il arriva à Paris, où il avoit été probablement précédé par une de ces réputations colossales qui font la fortune des niais et des fous, comme celle des savants et des gens d'esprit. Ce qu'il y a de certain, c'est qu'il étoit parvenu à sa trente-quatrième année quand il publia son premier livre. Il avoit gagné alors en bon sens trivial ce qu'il avoit perdu en illusions. D'homme du monde et de héros de roman, il s'étoit fait flatteur et mendiant. On s'arracha Bluet d'Arbères à la ville et à la cour. Les grands seigneurs se le disputèrent à l'envi des Savoyardes, et la honteuse prospérité de ce drôle me fait craindre pour son honneur qu'il n'ait pas été aussi fou qu'on le dit. Tous ces paquets de pages mortellement ennuyeuses étoient placés sous la protection d'un homme en place, ou d'une dame en crédit, qu'il affubloit de surnoms hyperboliques et de louanges à soulever le cœur, mais tout le monde en vouloit. Un génie comme le Tasse qui venoit de mourir, ou comme Milton qui alloit naître, n'a jamais trouvé une obole à Paris. Bluet d'Arbères, qui ne savoit ni lire ni écrire, « et qui n'y avoit jamais appris » récoltoit à pleines mains. Il s'adressoit à la vanité. Ce genre d'impôts est tout aussi bien entendu qu'un autre; il exige seulement une abnégation de dignité morale et une capitulation de caractère qui répugne aux âmes réfractaires et arriérées pour lesquelles le talent est encore une mission et un sacerdoce. Je ne sais s'il n'est pas à préférer toutefois à celui que prélève chaque jour sur de pauvres libraires et de pauvres auteurs le fisc usuraire de certains journaux. C'est une question que je soumets aux honnêtes gens qui embrassent à leurs risques et périls la carrière des lettres. Ils peuvent choisir.

Il est assez curieux de dépouiller avec Bluet d'Arbères lui-même, le sale budget de son ignominieux trésor. M. de Créquy lui a donné quatre écus et demi en cinq fois; M. de Lesdiguières, qu'il nomme Ledidière, une boîte d'or qui pesoit six écus et demi; M. le duc de Bouillon, six écus. Le prince d'Orange ne lui en donna qu'un. Un Lorambert de Flandres, qui est probablement M. d'Aremberg, lui fit cadeau d'un double ducat. Une duchesse de Flandres en fit autant. Il reçut de Jacques le Roy deux écus et une rame de papier, de Madame d'Antrague une bague de grande valeur, de M. de Beauvais Nangy un bas de chausse de soie, de Madame de Payenne, une aune de toile blanche pour faire des rabats, de je ne sais qui une paire de chaussettes. Le duc de Nemours, que Bluet d'Arbères appelle la fleur de ses amis, et dont la générosité méritoit cet insigne honneur, alla jusqu'à douze ducats, dont le comte de Permission se fit faire un superbe habit de frise noire; nous savons déjà qu'il avoit la manie de la représentation, et il est probable que, si jeune encore, il aspiroit toujours à plaire. Heureux Bluet d'Arbères, quand il eut son habit de frise noire!

Quoique la cour de ce temps-là se ressentît un peu de l'avarice de Henri IV, elle se montra presque libérale pour Bluet d'Arbères. Le roi lui donna une chaîne d'or de cent écus, trois cent quarante écus en diverses fois, et cent francs de gages. C'est ce qu'on désigne aujourd'hui par le nom de pension sur la cassette. Si Malherbe avoit été traité avec autant de munificence, il auroit occupé une chambre plus vaste et acheté une chaise de plus.

Un explorateur plus déterminé que moi a eu le courage de s'assurer qu'indépendamment de toutes ses dépenses personnelles, qui étoient payées par la princesse de Conti, et d'une multitude de confortables douceurs qui ne lui manquèrent jamais, car il n'y avoit pas jusqu'à M. de Cenamy qui ne lui fournit de temps en temps une bouteille d'huile pour sa salade. Bluet d'Arbères devoit avoir récolté de son aveu plus de quatre mille écus, qui font une somme considérable pour cette époque. *Le Cid, Cinna* et *les Horaces* n'ont pas tant rapporté à Corneille.

Ce n'est pas que le comte de Permission fût toujours également heureux dans ses spéculations industrielles. Comme il avoit son genre de fierté, et cet instinct de magnificence qui le prédestinoit à être grand seigneur, il s'étoit avisé d'accompagner la dédicace de ses livres de quelques présents de bon goût; tributs dispendieux qu'on n'accepte pas d'un manant sans contracter l'obligation de les lui payer au décuple. Il avoit fait cadeau à M. le duc de Lorraine « d'un beau livre qui avoit la » couverture d'argent et le dedans en vélin, avec force » belles petites figures, avec le prophète royal David en » bosse, en figure qu'il estoit berger, qu'il avoit tué Go- » liath, en figure qu'il estoit roy; » et il en avoit refusé de bonnes sommes des marchands; le noble duc de Lorraine lui en donna six écus. Quand ce volume se présentera en vente à six cents écus, il y aura enchère. Il avoit offert à M. le comte de Grollay « un cordon de chapeau de » perles qui estoit en broderie de quatre doigts de large » ou peu s'en faut. » M. le comte de Grollay qui en donna une double pistole *fausse*. Il avoit cédé à M. l'évêque de Noyon un beau chandelier à mettre dans une salle; c'étoit probablement *un lustre*, et Bluet d'Arbères nous fait juger de la richesse de ce meuble précieux, en ajoutant qu'il l'avoit fait faire lui-même pour sa maison (la maison de Bluet d'Arbères !). L'évêque de Noyon lui en donna cinq testons en deux fois, aumône indigne d'un prélat opulent, même à l'égard du pauvre aux mains vides, qui n'apporteroit point de chandelier. Le triste métier de Bluet d'Arbères avoit ses chances. Pour la gloire éternelle des lettres, les chances favorables ont prévalu.

Je ne sais jusqu'à quel point on peut accorder confiance à l'opinion qui fait de Bluet d'Arbères un des prototypes de la censure, et qui établit sur des renseignements dont je n'ai jamais vérifié l'autorité incertaine, qu'il exerça pendant quelque temps un droit d'examen absolu sur les livres. L'idée de cette étrange *sinécure* d'un homme qui ne savoit pas lire, avroit eu du moins son côté ingénieux. S'il existoit alors une opposition politique, il étoit impossible de lui répondre en accordant à la licence de la presse une garantie plus bouffonne. Le pouvoir est devenu plus réservé à mesure que l'opposition devenoit plus hostile. On n'est plus censeur à moins de savoir lire.

Il en fut du destin de Bluet d'Arbères comme de la plupart des belles choses de ce monde; il s'éteignit avant l'âge de quarante ans, à la manière des simples mortels, sans laisser d'autre héritage qu'une obligation en bonne forme, par laquelle un de ces petits *Jans pill'hommes* dont il est question dans Rabelais, s'engage à lui faire faire un habit neuf. Il ne résulte pas des recherches que nous avons faites à son égard, que cet honnête seigneur ait payé son cercueil. J'aime à penser que Dubois, Gaillard, Bracquemart et Neuf-Germain portèrent les quatre coins du poêle funèbre. C'étaient des fous de même force, et dont je me proposois de vous entretenir aujourd'hui, si la difficile biographie de Bluet d'Arbères n'avoit pas usé mon encre et lassé mon courage. Je puis vous attester que M. Michaud, qui a oublié son article, n'en a point donné de plus complet.

Un seul mot sur Gaillard, qui avoit été valet de pied, et qui étoit devenu cocher, mais qui ne manquoit pas de littérature. Il avoit repris l'artifice commode et lucratif de Bluet d'Arbères, avec plus de tact et d'esprit, et ses lettres adulatrices aux belles dames de son temps sont assez passables pour des lettres de cocher et de valet de pied. Une chose qui le distingue des fous parasites, ses contemporains et ses émules, c'est son profond dédain pour la vénalité des muses. Quand il s'agit d'indépendance littéraire, ce palfrenier musqué qui vivoit de flatter, ne fait grâce à personne :

CORNEILLE est excellent, mais il vend ses ouvrages.
ROTROU fait bien les vers, mais est poète à gages.

Les poésies de Gaillard parurent en 1634, et bienheureux qui les a, car on ne les trouve guère. Il s'en falloit d'un an que le grand Corneille n'eût fait pressentir son génie dans *Médée*, par quelques éclairs sublimes. J'ai cité ce passage parce qu'il est le premier peut-être où la littérature qui couroit alors ait fait mention de Corneille, et puis parce qu'il n'est pas inutile de faire voir dans l'occasion comment les grands hommes qui débutent sont traités par les laquais.

Cette galerie de fous, je le répète, seroit amusante à parcourir si on en avoit le temps; mais nous sommes trop préoccupés aujourd'hui par des folies sérieuses, qui sont la honte de l'humanité quand elles n'en sont pas l'effroi, pour accorder une attention soutenue à des aberrations sans conséquence et sans danger qui n'appellent que le rire de la pitié. Loin d'augmenter mon catalogue à peine ouvert, j'en retrancherai au contraire un article avant de clorre celui-ci.

Dans ses estimations cavalières de tout ce que la littérature françoise avoit produit jusqu'à lui, Voltaire a rangé Cyrano de Bergerac au nombre des fous, avec cette autorité magistrale qui s'attachoit à toutes ses paroles, et dont l'influence a été si féconde en résultats. « Il mourut fou, dit-il, et il étoit déjà fou quand il fit le *Voyage de la Lune*. » Voltaire étoit certainement fort compétent sur cette question, car il avoit pris *Micromegas* dans le *Voyage de la Lune*, où Fontenelle avoit pris *les Mondes*, et le bon doyen Swift, les *Voyages de Gulliver*. C'étoit là une excellente raison, dans la tactique de Voltaire, pour imprimer au livret de Cyrano un cachet ineffaçable de ridicule et de mépris, et tout le monde sait qu'il s'étoit armé de la même précaution contre le *César* et l'*Othello* anglois, qui lui avoient fourni son *César* et sa *Zaïre*. Shakspeare a survécu, à ce qu'on assure, et Cyrano est bien mort. Il n'y a même pas grand mal, car *Micromegas* vaut mieux, à cela près qu'il n'est ni aussi savant ni aussi original. Le passage sur Cyrano est curieux, parce qu'il marque à peu près la limite où se sont arrêtées les investigations de Voltaire dans la littérature antérieure. On pourroit assurer qu'il n'y connoissoit rien de plus, si ce n'est Rabelais qu'il a toujours traité avec un profond dédain, et dont quelques reflets éblouissants brillent çà et là dans *Candide*.

Boileau avoit mieux jugé Cyrano de Bergerac, qu'il ne regardé pas comme un fou, mais dont il caractérise *la burlesque audace* avec sa netteté ordinaire de tact et d'expressions. C'est la juste définition, ou, comme on disoit autrefois, le véritable *blason* littéraire de ce jeune poète, qui mourut à trente-cinq ans des suites de ses blessures, au jour et presque à l'heure où la langue françoise alloit se fixer, dans la poésie, sous la plume de Corneille, et sous celle de Pascal dans la prose. Bergerac étoit jusqu'alors un des hommes, et l'homme peut-être qui en avoit le mieux remué les éléments, varié les formes et assoupli les difficultés. Ce qu'on peut lui reprocher sans lui faire tort, c'est un luxe intolérable d'imagination, un abus fastidieux de l'esprit, un mélange hibride et pénible de pédantisme et de mauvais ton, qui accuse une éducation inachevée. Accordez-lui le goût que lui auroient accordé l'âge et la réflexion, et Bergerac, vieilli de quinze ans, sera un des écrivains les plus remarquables de son siècle. Tenez-lui compte au moins de ce qu'il a fait. Seroit-ce un homme si méprisable que celui qui a donné le *Gilles* à la farce dans *Pasquier*, le *Scapin* à la comédie dans *Corbinelli*, le paysan dans *Mathieu Gareau*, des scènes charmantes à Molière, des types à La Fontaine, et quelquefois, dans de belles scènes d'*Agrippine*, un digne rival à Corneille? Vous savez déjà ce que lui doivent Fontenelle, Swift et Voltaire. Quant à ce livre qu'il écrivit *quand il étoit déjà fou*, ne vous étonneroit-on pas un peu en vous disant qu'on y trouve plus de vues profondes, plus de prévisions ingénieuses, plus de conquêtes anticipées sur une science dont Descartes débrouilloit à peine les éléments confus, que dans un gros volume de Voltaire, écrit sous la dictée de la marquise du Châtelet? Cyrano a fait de son génie l'usage qu'en font les étourdis, mais il n'y a rien là qui ressemble à un fou.

Ch. NODIER.

Paris, imprimerie de BRUN, rue du Mail, n° 5.

LES PAPILLOTES

DU PERRUQUIER D'AGEN.

PAR M. CH. NODIER.

PARIS,
TECHENER, LIBRAIRE, PLACE DU LOUVRE, N° 12.

Octobre 1835.

LES PAPILLOTES

DU PERRUQUIER D'AGEN.

C'est une étrange destinée que celle du patois, cette belle langue rustique, mère indignement rebutée de nos langues urbaines et civilisées, que ses filles ingrates désavouent, et qu'elles vont persécuter jusques sous le chaume, tant elles craignent dans l'éclat de leur prospérité usurpée qu'il ne reste quelque part des traces de leur roture.

D'un côté, toutes les institutions qui se disent en voie de perfectionnement, mettent *le patois* au ban de la littérature; elles lui interdisent l'air et l'eau, le feu et le lieu, dans les antichambres de l'université; elles ont des gardes mercenaires au seuil des académies, pour lui rendre impossible, à force de bourrades et de baïonnettes, l'approche du sanctuaire. Elles convoqueroient volontiers, comme au temps de Ramus, une croisade de *gâcheurs* et de *cuistres*, à la destruction de ce modeste compétiteur du plat françois des écoles primaires, et du mauvais latin des collèges. C'est une véritable Saint-Barthélemy d'innocents et gracieux idiômes, auxquels il est défendu de se faire entendre, même pendant les heures de la récréation. Malheur à l'élève rétrograde, qui rentreroit intelligible à sa famille et à ses amis, sous le toit de son vieux père! l'infortuné doit mourir, parie, s'il n'a touché, fait rompu le nœud sacré de la parole avec sa tribu de parias. Quant au détestable argot des nomenclateurs et des pédants, quant au galimatias triple des jongleurs littéraires et politiques, il ne sauroit se charger trop vite de cet odieux fatras, car c'est pour cela qu'il est appelé à goûter le bienfait de l'enseignement. C'est à ce titre qu'il recevra incessamment de la presse un brevet banal de grand citoyen et de grand homme, en échange de son noble brevet de paysan.

D'une autre part, il ne semble pas que le patois ait perdu ses droits à l'estime de cette classe éclairée et sensible de la société qui fait cas avant tout du naïf et du simple, et qui le prise au-dessus de tous les efforts de l'art, quand elle le trouve naturellement relevé par une expression élégante et par un tour spirituel. Bellaudière, Goudouli et Lamonnoye ont conservé une place choisie dans la bibliothèque des amateurs les plus délicats; de jeunes savants, moins dédaigneux que la sourcilleuse école des grammairiens à titre d'office, parcourent l'Europe avec un zèle infatigable pour explorer ses vieux langages; un docte Italien, M. Salvi, recueille soigneusement, à la gloire de sa patrie, tous les monuments écrits de ses dialectes; un docte François, M. Hécart de Valenciennes, élabore et perfectionne en éditions successives, son curieux dictionnaire du modeste Rouchi; et l'exemple de ce laborieux érudit commence à être suivi, si je ne me trompe, dans la plupart de nos provinces; M. Raynouard, his dantem jura Catonem, replace par d'admirables études la langue délicieuse de nos aïeux, les troubadours, au rang qu'elle a tenu parmi les langues classiques, et qu'elle n'auroit jamais dû perdre.

Ce n'est pas tout pourtant. Ne diroit-on pas que le patois eût voulu répondre à ses détracteurs en marchant, comme le philosophe grec, ou qu'il eût retrouvé tout-à-coup l'argument irrésistible de Galilée, pour se mouvoir, pour en flétrir l'arrêt insolent de ses juges? Voilà qu'il lui surgit un poète, et un grand poète, je vous en réponds, qui n'a de commun avec Bellaudière, Goudouli Dastros, et tous ses prédécesseurs, que le charme piquant d'un idiôme plein de nombre et d'harmonie, mais qui les surpasse de toute la portée d'un talent inspiré ; un Lamartine, un Victor Hugo, un Béranger gascon. Et qu'on n'aille pas imaginer que je me laisse gagner, en lui rendant ce témoignage, aux influences hyperboliques de l'air du pays. Il n'y a rien de plus éloigné de l'exagération.

Ce poëte phénomène est un barbier-coiffeur d'Agen, qui feroit aisément la barbe à quelques-uns de nos lauréats, et qui s'appelle Jasmin. Il a modestement intitulé son livre *les Papillotes* (*las Papillotas*), à l'imitation de maitre Adam, de Nevers, qui appeloit le sien ses *Chevilles*, et qui étoit aussi un homme de beaucoup d'esprit. Mais que la distance est grande entre maitre Adam qui n'avoit que beaucoup d'esprit, et Jasmin qui a du génie ! Qu'elle est grande surtout entre Jasmin et maitre André, le seul perruquier poëte dont la littérature françoise ait conservé jusqu'ici le souvenir ! Ce n'est certainement pas à Jasmin que Voltaire auroit dit : « Faites des perruques, » ou s'il le lui avoit dit, le malin vieillard, c'est parce que son amie jalouse avoit encore plus de propension à s'effrayer d'une supériorité qu'à s'égayer d'un ridicule.

Quant à moi, je n'ai aucune raison pour ne pas lui adresser cet avis dans toute la sincérité de mon cœur. Faites des perruques, Jasmin, parce que c'est un métier honnête que de faire des perruques, et une distraction frivole que de faire des vers ; faites des perruques, parce que le travail de la main de l'homme est le seul dont l'homme ait droit de s'honorer, le seul dont il puisse goûter le fruit sans le trouver amer ; faites des perruques, pour fournir aux besoins de votre digne famille, pour élever vos enfants dans la crainte de Dieu et dans le mépris des fausses gloires ; faites des perruques, pour entretenir le cours de ce *pichou riou tan argentat*, que la réputation de votre fer à toupet fait couler dans votre boutique ! Faites des vers aussi cependant, quand votre journée est pleine, et qu'elle a gagné son pain ; faites des vers, puisque votre merveilleuse organisation poétique vous a donné ce talent ou imposé cette destinée ; faites des vers, et Dieu me garde que vous n'en fassiez plus, moi qui m'engagerois volontiers à ne plus lire que les vôtres. Rien ne prouve, je vous le dirai entre nous, et vous pourriez faire là-dessus des vers ravissants, que l'*Apollo comatus* de la mythologie, si soigneux de sa longue et blonde chevelure, n'ait pas été perruquier.

Je ne saurois le dissimuler. Il s'en faut pourtant de quelque chose que tout me charme également dans le recueil de Jasmin (et je parle ici de lui sans titre et sans façon, comme on parle de classiques). Jasmin s'est laissé entraîner au torrent qui entraîne les meilleurs esprits du siècle ; d'homme naturel et ingénu qu'il étoit, il s'est fait homme politique ; il a oublié que le patois, innocent de nos sophismes et de nos erreurs, ne devoit point de tribut aux sottes frénésies des partis. Ce n'est pas que je le blâme d'avoir chanté la liberté, et de l'avoir chantée en vers dignes d'elle, car la liberté, c'est un sentiment de poète ; et, sans avoir l'honneur d'être poète comme Jasmin, j'éprouve ce sentiment comme lui ; mais je ne suis pas maître d'un mouvement de dégoût et d'effroi, chaque fois que j'entends prononcer le nom de cette muse, depuis qu'il est devenu le mot d'ordre d'une poignée de charlatans altérés d'or ou de vampires altérés de sang ; et j'ai toujours peur que l'écrivain, sincère ou non, qui m'impose son enthousiasme d'inspiration ou de commande, ne soit, pour me mystifier, la dupe ou le complice des tartufes qui le mystifient. Croyez-moi, mon pauvre Jasmin, la belle langue qui nous a été enseignée, à nous autres gens d'étude et de cœur, est assez riche, grâce à Dieu, pour exprimer toutes les nobles pensées de l'âme, et nous ne ferions qu'apprêter à rire aux saltimbanques de la farce en descendant à leur jargon. Les partis n'ont jamais donné la liberté. C'est un trésor qui se trouve dans le labeur assidu de l'ouvrier, dans les succès légitimes de l'artiste et du poète, dans les méditations du sage, et surtout dans la conscience de l'homme de bien. Tout cela n'empêche pas vos vers politiques d'être bons, excellents, parfaits en tant que vers; mais pourquoi faites-vous des vers politiques !

A cette critique près, et je ne crains pas que l'auteur s'en exagère l'importance, car elle trahit en dernière analyse une impression tout à fait individuelle; il n'y a place que pour l'éloge dans un examen impartial des poésies de Jasmin. *Lou Chalibari* (ou *le Charivari*, et ce n'est pas un poème politique) est un chef-d'œuvre de facture épique dans le genre du *Lutrin*, c'est-à-dire dans cette espèce de composition prise à l'inverse du burlesque, où les plus belles formes de la langue poétique s'appliquent à relever de grotesques inventions, et dont la *Batrachomyomachie* est le type souvent surpassé. Le prix reste à débattre, selon moi, entre le *Lutrin*, la *Secchia rapita* et le *Charivari*; mais si mon opinion pouvoit devenir contagieuse dans une question où je n'ai point d'autorité, le poète patois auroit des chances. Quel charme et quel bonheur d'expression ! quelle richesse de détails ! quel choix exquis de circonstances, dans cette description d'un soleil levant d'hiver :

Cependen, lou ten fugh: Darrens lou companayre
De naou trots candacats fazio retenti l'ayre;

Quand l'aurero fourrado en raoubo de satl,
Desfarouillo, sans brut, las portos del mati,
Lou poul canto de fret, et l'hiber en coulèro
Gèlo dins zoun cami la gouto de l'ayguèro.
Mais lou Dion de la luts, alloungan son artel,
Part, tout rajan de fet dins lou char del Sourel ;
De sous rious enflamats escaoudoro l'espaço,
Et fay foundre en passant et la nèjo et la glaço.
A sa douço calou, counten, rabiscoulat,
Marcho lou bobyatjar sul terren degelat......
Tandisqu'à soun quounoul la jouyno bourdilèro
Biro en se soureillan la punjento filèro,
Sous drolles al peril fan grousai lou gramel,
Et sul trol a sies bouts descargon lou fuzel.

Il faut en vérité qu'une école provinciale soit bien sûre de la perfection de son enseignement pour interdire à ses élèves la pratique d'un tel langage, et l'étude d'un tel modèle ! Cependant, si la délicatesse ombrageuse de nos puristes obtenoit jamais de la proscription des patois le résultat qu'elle en attend, je recommanderois humblement celui-ci au souvenir de mes illustres confrères de l'académie des inscriptions et belles-lettres, qui viennent d'attacher de hautes récompenses à l'exploration grammaticale de deux dialectes iroquois; ces dialectes de la patrie ont aussi leur intérêt. Mais cela n'est pas pressé, la langue qui produit un poète comme Jasmin n'est pas encore une langue morte.

J'allongerois de beaucoup cette notice qui menace déjà d'être démesurément longue, si j'entreprenois de faire remarquer tout ce que renferme de beautés le passage que je viens de citer presque au hasard; mais je ne saurois me défendre de m'arrêter un moment aux troisième et quatrième vers, parce qu'ils peuvent du moins se tourner littéralement en françois collégial, sans perdre autre chose à la traduction qu'un peu de leur naïveté rustique et de leur molle harmonie ?

    Quand l'aurore fourrée, en robe de satin,
    Déverrouille, sans bruit, les portes du matin.

Songez qu'il s'agit ici d'une aurore d'hiver, et dites-moi qui l'auroit mieux vêtue? Jasmin se garde bien de lui donner des doigts de roses, comme n'auroit pas manqué de le faire un poète d'*Album* ou de *Keepsake*. Elle avoit probablement des gants.

Déverrouiller des portes est une action bien rude et bien méchanique pour une Divinité; mais avant de répondre à ce reproche, il faut que je vous raconte une anecdote, et vous savez que c'est un privilège dont je n'abuse pas depuis quelque temps. A une époque de ma vie où je faisois encore des vers pour les belles, j'avois pour ami un grand poète qui s'appeloit M. de La Touche, et qui daignoit prêter quelquefois l'oreille à mes maussades alexandrins. Un jour, entre autres, je le consultois sur ceux-ci que je vous demande bien pardon de citer après des vers de Jasmin. C'est modeste toute part :

    Je n'entendrai jamais (disois je)....
    Friuhiner le satin de ta robe agitée,
    Ton écharpe gémir par le vent emportée,
    Ou trembler ton haleine, ou soupirer ta voix,
    Ou gronder les verroux en roulant sous tes doigts...

» Arrête-là, me dit-il tout à coup avec une aimable brus-
» querie qui lui étoit naturelle ! Tu ne parlerois pas au-
» trement à un guichetier. Les verroux ne grondent
» point sous la main d'une personne aimée. Ce qu'il
» faut dire, c'est ceci :

    Ou le verrou plaintif apaisé sous tes doigts.

J'étois convaincu avant qu'il eut fini. Il y avoit entre

son vers et le mien toute la distance qui sépare la versification de la poésie. Cette digression, dont la nécessité ne paroîtra peut-être pas démontrée à tout le monde, me ramène heureusement aux vers délicieux de Jasmin. Voyez comme mon poète gascon et mon poète parisien se sont merveilleusement entendus, sans se connoître, sur un sentiment poétique. L'Aurore de Jasmin, et vous me permettrez de dire que c'est bien la sienne, *déverrouille* les portes du matin, mais elle le fait *sans bruit*, comme une déesse qu'elle est, déesse paisible et silencieuse qui ne s'annonce aux mortels que par sa lumière. C'est cette parfaite convenance de l'expression avec la pensée qui caractérise les bons écrivains. Le vulgaire ne s'en doute pas.

Le *Charivari* n'est pourtant qu'un ouvrage d'art, et, s'il m'est permis de répéter une nouvelle locution convenue, qu'un chef-d'œuvre de *facture*. Que dirois-je de ce *Tres de may*, qui commence par la plus naturelle et la plus magnifique des prosopopées! que dirois-je surtout de ce poème enchanteur, *Mous Soubénis* (*Mes Souvenirs*), merveille ingénue de gaîté, de sensibilité, de passion! J'ai usé les formules de l'enthousiasme, et je les regrette, parce que c'est ici qu'il falloit les prodiguer. Il n'y a presque rien dans les modernes, presque rien dans les anciens qui m'ait plus profondément ému, que les *Souvenirs* de Jasmin. Heureux et jolis enfans de la Guienne et du Languedoc, lisez et relisez les *Souvenirs* de Jasmin, et, dût-on vous fermer impitoyablement les écoles publiques où l'on enseigne de si belles choses, apprenez-les par cœur pour ne les oublier jamais! Vous saurez de la poésie tout ce qu'on peut en savoir!

Il y a dans Montaigne un admirable chapitre intitulé: *des Cannibales*, où il traite des peuples de l'Amérique nouvellement découverts, et qui finit par ces paroles:

« Tout cela ne va pas trop mal, mais quoi ? Ils ne portent point de haut de chausses. »

Je lui emprunterai cette forme qui m'a toujours beaucoup plu, pour terminer le mien.

La France possède aujourd'hui un de ces poètes incomparables dont le génie jette un éclat immortel sur leur pays. C'est un perruquier d'Agen qui sera doublement grand aux yeux de la postérité, s'il continue à cultiver son talent sans mépriser son métier. Mais quoi ! le comité d'arrondissement de Cahors a interdit l'usage du patois, et Jasmin écrit en patois !

Ch. Nodier.

L'ORIGINE
DES CARTES A JOUER..

PAR PAUL LACROIX
(JACOB, BIBLIOPHILE.)

PARIS
TECHENER, LIBRAIRE, PLACE DU LOUVRE, 12.

Décembre 1835.

PARIS. — Imprimerie de HENRI DUPUY, rue de la Monnaie, 11.

L'ORIGINE

DES CARTES A JOUER [1].

C'est une question d'archéologie fort difficile à résoudre, et déjà traitée avec profondeur par les savans, malgré la frivolité du sujet. M. Peignot, le dernier qui se soit occupé des cartes à jouer, s'est borné à recueillir l'analyse des opinions diverses du P. Menestrier, du P. Daniel, de l'abbé Bullet, du baron de Heineken, de l'abbé Bertinelli, de l'abbé Rive, de Court de Gébelin, de Breitkopf, de Jansen, de Ottley et de Singer : M. Peignot est resté neutre au milieu de ces débats contradictoires, qu'il fallait juger les pièces à la main. En attendant que je rassemble, dans une dissertation spéciale, mes recherches, peut-être curieuses et nouvelles, après celles de mes devanciers, je vais énoncer mon sentiment, appuyé sur l'examen comparé des anciennes cartes à jouer. — L'abbé Legendre a répété, d'après le *Traité de la police* de Lamare,

---

[1] M. Paul Lacroix (Jacob, bibliophile) publiera l'année prochaine un grand travail sur ce sujet, avec beaucoup de gravures au trait et coloriées, de manière à former un ouvrage aussi complet que celui d'Ottley. Cette Notice n'est qu'une rapide analyse du livre que doit faire paraître M. Lacroix.

qui cite le conteur Polydore Virgile comme une autorité, que les Lydiens inventèrent les cartes pendant une extrême disette, et que ce jeu la leur fit presque oublier. Il est possible que les Lydiens aient connu un jeu qui se jouait avec des tableaux figurés (*tabulæ sigillatæ*), à l'instar du *jeu de l'oie* des Athéniens, mais à coup sûr ce n'étaient pas les cartes du jeu de piquet. — Cependant les cartes vinrent de l'Orient avec les échecs ; cette origine semble incontestable, sans adopter toutefois les rêveries de Court de Gébelin, qui fait honneur aux Egyptiens de l'invention des cartes, et qui les explique à la manière des hiéroglyphes : il existe entre les cartes et les échecs certains rapports qu'on ne saurait attribuer au hasard. — On a même des raisons de croire que primitivement les cartes offraient une représentation exacte des échecs; pour laisser quelque chose à décider au sort, et pour mieux égaliser les chances, les *fous*, les *chevaliers* et les *tours* ou *rocs* se retrouvaient sans doute dans les premières cartes, dont le jeu n'était qu'un jeu d'échecs double; peut-être le jouait-on à quatre, chaque adversaire ayant sa couleur, et, pour ainsi dire, son armée à faire manœuvrer. — Ces analogies des cartes avec les échecs sont presque prouvées par l'inspection des vieux *tarots* du xv⁰ siècle, dans lesquels il y a le *fou* et la *tour*, dite *maison de Dieu*. — Quant au sens allégorique, il est à peu près identique dans les deux jeux, qui sont une image de la guerre : il y a encore dans les tarots une carte qui devait, par son apparition, produire le résultat de l'*échec et mat* : c'est la Mort, montée sur le cheval pâle que lui donne l'*Apocalypse*. — Originairement, les cartes n'étaient pas plus nombreuses que les pièces de l'échiquier, divisées en deux bandes, l'une rouge et l'autre noire; une augmentation de cartes exigea bientôt de nouvelles combinaisons, et les deux jeux ne furent plus soumis à des règles analogues : les Arabes, ces grands joueurs d'échecs, donnèrent-ils cette autre forme à leur jeu favori? — Quoi qu'il en soit, les cartes étaient en usage bien avant l'année 1392, à laquelle on a prétendu fixer leur invention : le synode de Worchester, en 1240, défend aux clercs les jeux déshonnêtes, et entre autres celui *du Roi et de la Reine* (*ne sustineant ludos fieri de Rege et Reginâ*); un manuscrit italien de 1299 parle des cartes appelées *naibi*; des statuts monastiques de 1337 proscrivent les cartes sous le nom de *paginæ*; enfin, un édit du roi de Castille, à la date de 1387, les met au nombre des jeux prohibés. — Un ancien ouvrage en langue française ne laisse pas de doute sur l'existence des cartes, antérieurement à la date de 1392; car on lit dans le roman de *Renard le contrefait*, composé par un anonyme en 1328 :

> Si comme fols et folles sont
> Qui, pour gaigner, au bordel vont,
> Jouent aux dés, aux *cartes*, aux tables
> Qui à Dieu ne sont délectables....

Ce passage indique en quels eux se tenaient les

tripots, et en quelles mains était déjà tombé le *jeu du roi et de la reine*. Quant à la chronique du *Petit-Jehan de Saintré*, où l'on remarque cette phrase : *Vous qui estes, oiseaux et joueux de cartes et des dés*, cette chronique, dont le héros est page à la cour de Charles V en 1367, ne doit pas être invoquée en témoignage, puisque l'auteur, Antoine de la Sale, né en 1398, n'écrivait que sous Charles VII. — On a longuement et vainement disserté pour savoir si les cartes étaient françaises, allemandes, espagnoles ou italiennes : il me paraît toujours certain qu'elles ne sont pas françaises, du moins les cartes de *tarot*. Un vieux livre, *Le Jeu d'or*, imprimé à Augsbourg en 1472, assure, dit-on, qu'elles prirent naissance en Allemagne vers 1300 ; l'abbé Rive, veut que ce soit en Espagne, par l'imaginative de Nicolao Pépin, vers 1330 ; l'abbé de Longuerue, au contraire, veut que ce soit en Italie, à une époque antérieure. — Toujours est-il que les signes et couleurs des cartes diffèrent dans ces pays : les Français ont *pique, trèfle, carreau* et *cœur* ; les Espagnols, *épée, bâton, denier* et *coupe* ; les Allemands, *vert, gland, grelot* et *rouge* ; ces couleurs doivent être contemporaines du jeu de piquet, qui fut trouvé sous Charles VII, en même temps que les cartes avec lesquelles on le joue encore aujourd'hui. Jusque-là les tarots seuls étaient en usage dans toute l'Europe ; mais depuis l'invention du jeu de piquet, ils ont beaucoup perdu de leur bizarre physionomie et ne sont pas restés en France, malgré la faveur marquée de plusieurs illustres Français du dix-septième siècle. » Breitkopf est allé chercher les premiers *tarots* en Sibérie, où les paysans jouent le *trappola* avec des cartes semblables à celles dites *de Charles VI*. Ces dix-sept cartes que l'on conserve au Cabinet des Estampes de Paris, et qu'on attribue à l'*imager* du roi Gringonneur, faisaient partie d'un jeu qui était certainement une imitation de la célèbre *danse macabre*, cette allégorie si philosophique de la vie humaine, que le moyen-âge avait tant multipliée à l'aide de tous les arts. Ces cartes, peintes et dorées, représentent le *pape*, l'*empereur*, l'*ermite*, le *fou*, le *pendu*, l'*écuyer*, le *triomphateur*, les *amoureux*, la *lune* et les astrologues, le *soleil* et la Parque, la *justice*, la *fortune*, la *tempérance*, la *force*, puis la *mort*, puis le *jugement des âmes*, puis la *maison de Dieu*! N'est-ce pas là cette danse des morts qui met en branle les vivans de toute condition, et qui dirige une ronde immense où sont emportés les grands et les petits, les heureux et les malheureux ? — Le nom de *tarots* dérive de la province lombarde, *Taro*, où ce jeu fut d'abord inventé, à moins qu'on ne préfère le tirer d'une allusion à la *tare* que la Mort fait éprouver au monde (*phthora*, corruption) ou bien de la fabrication même de ces cartes, enluminées sur un fond d'or piqué à compartimens (*tarein, trouer*). — On a cru qu'il s'agissait de ce jeu de cartes dans un compte de Charles Paupart, argentier du roi pour l'année 1392. « A Jacquemin Gringonneur, peintre, pour trois jeux de cartes à or et à diverses couleurs, de plusieurs devises, pour porter devers ledit seigneur (Charles VI), pour son ébattement, LVI sols parisis. » Mais les costumes me paraissent plus analogues aux modes du temps de Charles VII qu'à celles de la cour d'Isabeau de Bavière, qui avait donné le *hennin* ou bonnet en cœur pour coiffure aux dames. — C'est donc au règne de Charles VII qu'il faut rapporter l'invention des cartes françaises, et du jeu de piquet, imité peut-être du jeu allemand *le lansquenet*. Les cartes cessèrent alors d'être une redite joyeuse de cette danse macabre, qui revenait sans cesse attrister les regards, et jeter une pensée de deuil parmi tous les plaisirs, cette danse burlesque et terrible, dessinée sur les marges des missels, ciselée sur les manches des poignards, peinte dans les églises, dans les palais, dans les cimetières, rimée chez les poëtes et mise en musique par les ménétriers. Toutefois, la Mort ne disparut pas entièrement du jeu de cartes, qui redevint ce qu'il était d'abord, le jeu de la guerre. Charles VI, par une ordonnance de 1391, avait prohibé, sous peine de dix sous d'amende, tous les jeux qui empêchaient ses sujets de se livrer à l'exercice des armes pour la défense du royaume : *Tabularum, paleti, quilliarum, bculorum, billarumque ludos et similes quibus subditi nostri ad usum armorum pro defensione nostri regni nullatenès exercentur vel habilantur.* Ce fut pour éluder cette ordonnance, que quelqu'un, le brave

Lahire, dit-on, ou plutôt un servant d'armes, qui s'est personnifié dans l'image du valet de trèfle sans se nommer, réforma ce jeu des tarots de manière à le mettre au rang des exercices militaires : le *trèfle* figurant la garde d'une épée, le *carreau* le fer carré d'une grosse flèche, le *pique* la lance d'une pertuisanne, le *cœur* la pointe d'un trait d'arbalète, étaient les armes et les compagnies armées; les *as*, nom d'une monnaie ancienne, signifiaient l'argent pour la paie des troupes; les quatre rois représentaient les quatre grandes monarchies, juive, grecque, romaine et française, car *Charles VII*, comme successeur de Charlemagne, pouvait prétendre à l'empire d'Occident; *David*, *Alexandre* et *César* portaient aussi le manteau d'hermine et le sceptre fleurdelisé; les quatre dames remplaçaient les quatre *vertus* des tarots, *Judith* au lieu de *la force*, *Pallas* au lieu de *la justice*, *Rachel* au lieu de *la fortune*, et *Argine* au lieu de *la tempérance*; cette *Argine*, anagramme de *regina*, doit être Marie d'Anjou, femme de Charles VII, recommandable par sa piété et sa douceur; les quatre valets, ou *varlets*, représentaient la noblesse de France, depuis son époque héroïque jusqu'à la chevalerie; *Hector de Troie*, père de ce fabuleux Francus, qui passait pour le premier roi franc; *Ogier le Danois*, l'un des pairs de Charlemagne; *Lahire*, le plus brave capitaine de Charles VII, et le valet de trèfle, qui s'est mis en si vaillante compagnie en sa qualité d'inventeur ou de réformateur du jeu de cartes. Je ne nommerai pourtant pas ce gentilhomme Nicolas Pépin, en dépit de l'étymologie de *naipes*, forgée par l'abbé Rive. — Il y a lieu de croire que ce jeu tout français fut d'abord imité par les Allemands, qui se l'approprièrent avec de légères modifications : les noms des figures furent supprimés, et les quatre valets ne paraissant pas suffisans, on en ajouta quatre autres, soit comme chevaliers, soit comme pages; on remplaça le *carreau* par le *lapin*, le *cœur* par le *perroquet* ou *papegeai*, le *pique* par l'*œillet* : le *trèfle* seul ne subit aucune métamorphose. Ces cartes étaient rondes et gravées au burin. — Plus tard, en Allemagne, on imposa aux cartes un nouveau changement, en y introduisant le *grelot* et le *gland* ou *vert* : le *gland* exprimait l'agriculture, le *grelot* la folie, le *cœur* l'amour, et le *trèfle* la science. Ces cartes-là étaient plus larges que longues et ornées de sujets relatifs à chacune des quatre divisions ; elles eurent cours à la fin du xve siècle et au commencement du xvie. — La gravure en taille de bois n'ayant été découverte qu'en 1423, les cartes auparavant étaient enluminées de même que les manuscrits et coûtaient fort cher, puisqu'en 1430, Visconti, duc de Milan, paya 1,500 pièces d'or à un peintre français pour un seul jeu; mais aussitôt que la gravure permit de reproduire à l'infini une empreinte grossière, qui à quelques années de là créa l'imprimerie, par les soins ingénieux de Laurent Coster, les graveurs d'Allemagne répandirent dans toute l'Europe leurs jeux de cartes, qui devinrent populaires en tombant à bas prix. La ville d'Ulm faisait un tel commerce de cartes, qu'on les envoyait par ballots en Italie et en Sicile pour les échanger contre des épices et des marchandises. Le peintre en cartes s'appelait *briefmahler*. Il est certain que le lansquenet est né en Allemagne, ainsi que le piquet en France. — Le caractère espagnol, toujours fidèle aux distinctions de rangs et d'états, se fit sentir dans la substitution des *copas*, *espadas*, *dineros* et *bastos*, aux quatre couleurs du jeu de cartes français, dans lequel on n'avait fait entrer que des armes : les calices (*copas*) des ecclésiastiques, les épées (*espadas*) des nobles, les deniers (*dineros*) des marchands, et les bâtons (*bastos*) des cultivateurs, marquèrent les quatre états du peuple en Espagne. On a voulu mal à propos interpréter de la même manière les couleurs de nos cartes, en supposant que le *cœur* représente le clergé, qui siége au chœur; le *pique*, la noblesse, qui commande les armées; le *carreau*, la bourgeoisie, à cause du pavé des villes, et le *trèfle*, les habitans des campagnes. — En dépit des ordonnances civiles et cléricales qui ont fréquemment renouvelé la prohibition des cartes à jouer, ce jeu, varié par d'innombrables combinaisons, s'est toujours maintenu à la tête des jeux avec les échecs et les dames. Le *lansquenet*, le *piquet*, la *triomphe*, la *prime*, le *flux*, le *trente-et-un*, la *condemnade*, le *mariage* et une foule d'autres eurent successivement la vogue dans les tavernes et dans les cours les plus élégantes. Louis XII jouait au *flux* en son camp à la vue des soldats, dit Hubert-Thomas dans la vie du palatin Frédéric II; Pantagruel, dit Rabelais, trouva les matelots, à Bordeaux, qui jouaient à la *luette* sur la grève. — Enfin, les cartes elles-mêmes semblèrent participer à la métempsycose des êtres, tant les rois, les reines et les valets, qui président à ce jeu, furent soumis à des transformations de noms et de costumes dans notre France capricieuse : le règne de Charles IX amena des *valets de chasse, de noblesse, de cour et de pied* pour accompagner *Auguste, Constantin, Salomon* et *Clovis, Clotilde, Élisabeth, Penthésilée* et *Didon*; le règne de Louis XIV, qui imposait aux cartes cette devise : *J'aime l'amour et la cour, vive la reine! vive le roi!* ne se contenta pas de ces illustrations royales, et choisit de préférence *César, Ninus, Alexandre* et *Cyrus major, Pompeïa, Sémiramis, Roxane* et *Hélène, Roger, Renaud* et *Roland*; quant au valet de trèfle, il n'avait jamais d'autre nom que celui du cartier. On écrirait tout un livre sur les révolutions des cartes jusqu'aux cartes b...... *patriotiques* de la *république française, une et indivisible*, où les quatre dames furent supplantées par quatre *vertus républicaines*, les quatre valets chassés par quatre réquisitionnaires *républicains*, et les quatre rois détrônés par quatre *philosophes :* Rousseau, La Fontaine et Molière.

NOTICE

SUR LE MANUSCRIT

DE LA

CHRONIQUE DES NORMANDS

ET SUR L'ÉDITION QUE M. CHAMPOLLION EN A FAITE POUR LA SOCIÉTÉ DE L'HISTOIRE DE FRANCE.

Paulin Paris

PARIS,
TECHENER, LIBRAIRE, PLACE DU LOUVRE, N° 12.

Novembre 1835.

NOTICE
SUR LE MANUSCRIT
DE LA
CHRONIQUE DES NORMANDS.

Il y a déjà sept ans qu'un employé de la Bibliothèque royale, en réunissant les matériaux d'un long travail sur les écrivains du moyen-âge, reconnut et signala, dans la collection des manuscrits, un monument historique de la plus haute importance. C'était l'*Ystoire de li Normant*, par *Amat* ou *Aimé*, moine du Mont-Cassin, traduite en français par un écrivain fort ancien. Amat florissait dans la dernière partie du 11ᵉ siècle; il avait conduit sa narration latine jusqu'en 1078, et la dédicace de son livre à l'abbé Didier ou Desidere témoignait qu'il l'avait composé peu de tems après, c'est-à-dire avant 1086, puisque cette année-là l'abbé du Mont-Cassin Desidere avait échangé sa mitre et son nom contre la tiare du souverain pontife et le nom de Victor III. Ainsi, l'ouvrage d'Amat semble devoir être la plus ancienne relation de la conquête de Sicile par les chevaliers normands. Rédigée par un contemporain, sous le patronage d'un homme admis dans les conseils de Richard, prince de Capoue, et de Robert, duc de Pouille, elle a servi de guide à tous les annalistes postérieurs des choses siciliennes, et Léon, évêque d'Ostie, dans la Chronique qu'il adresse, peu de tems après la mort d'Amat, à l'abbé du Mont-Cassin, successeur de Desidere, l'a même plusieurs fois textuellement reproduite.

Combien de raisons pour regretter l'original de la Chronique d'Amat! Mais, jusqu'à présent, on a vainement dépouillé, volume par volume, l'ancienne bibliothèque du Mont-Cassin; on a vainement consulté le catalogue de toutes les grandes collections connues, le manuscrit d'Amat ne s'est pas retrouvé, et les Muratori, les Baluze, les Mabillon et les André Duchesne ont été tour à tour obligés de renoncer à l'espoir d'en enrichir leurs immenses collections.

Cependant, en 1612, l'infatigable Duchesne avait reconnu parmi les manuscrits de Peyresc une ancienne chronique française inédite sur les Normands de la Sicile. Il la fit copier, et, suivant toutes les apparences, il se proposait de la publier dans le second volume des *historiae Normanorum scriptores antiqui*. Malheureusement la mort ne lui laissa terminer que le premier volume, et les matériaux du second, demeurés manuscrits, sont aujourd'hui conservés et fréquemment consultés à la Bibliothèque du Roi. Mais si depuis la mort de Duchesne quelques savans ont attentivement examiné la copie dont nous parlons, il se peut que, rejetant sur elle les incorrections grammaticales dont les phrases fourmillent, ils aient toujours été dissuadés de la publier, par l'espoir de mettre la main sur le manuscrit original dont André Duchesne s'était servi lui-même. Il s'agissait donc de le retrouver; et cela pouvait être difficile, attendu que Duchesne ne l'avait pas décrit, que le morceau qu'il en avait extrait, étant peut-être relégué à la fin du volume qui le renfermait, n'en était alors que la partie la moins apparente; enfin, que la bibliothèque du conseiller Olivier, son dernier possesseur, avait été dispersée vers le milieu du 18e siècle.

Or, il y avait au catalogue des manuscrits du Roi, sous le numéro 7135, la mention suivante : *Chronique depuis la création du monde, particulièrement du royaume de Sicile et de Naples*. Le manuscrit provenait du cardinal Mazarin; mais il avait été acheté de feu Olivier, lequel le tenait de feu le président Peyresc. Il remontait au 14e siècle, et il comprenait une collection de monumens historiques, traduite du latin en langue vulgaire, par les ordres d'un certain *comte de Militrée*. La première de ces traductions était la *Chronique universelle d'Isidore de Séville*; la seconde, le *Sommaire d'Eutrope*; la troisième, l'*Histoire des Lombards* de Paul Diacre; et la quatrième enfin était l'*Ystoire de li* (Normant) (1), laquelle compila un moine de Mont-de-Cassin, et le manda à lo abbé Desidere. C'était le manuscrit dont s'était servi Duchesne, et ce dernier ouvrage était la traduction de l'ouvrage d'Amat, dont tant d'illustres antiquaires avaient déploré la perte.

Je demande pardon à mes lecteurs d'être entré dans tous ces détails minutieux. Mais le bon travail de M. Champollion-Figeac sur les ouvrages d'Eutrope et de Paul Diacre, travail que la description du manuscrit dont nous nous occupons lui a permis d'insérer dans ses prolégomènes, nous obligeait à notre tour à nous arrêter sur l'histoire de ce précieux manuscrit. Et puis, quand il arrive aux bibliothécaires du Vatican, de Berlin ou de Vienne, d'exhumer quelque fragment de la littérature antique, ne fût-ce qu'une page de Cicéron ou deux vers de Ménandre, toute l'Europe savante applaudit avec transport, et toute l'Europe a raison. C'est aussi quelque chose de retrouver des monumens du genre de celui qui va nous occuper, et peut-être serait-il bon d'en savoir gré à qui de droit. Dans tous les cas, la *Société de l'Histoire de France*, fondée sous les plus heureux auspices, répond convenablement à ce qu'on attend d'elle, en ouvrant la série de ses publications par cette vieille traduction française de la Chronique d'Amat; Amat, dont on a perdu le texte original, Amat, le témoin des exploits in-

---

(1) Le copiste du manuscrit avait mis en cet endroit *Longobart* au lieu de *Normant*, et cette faute dut long-temps empêcher de reconnaître l'ouvrage d'Amat.

«royables qu'il raconte, le contemporain de Guillaume Bras-de-Fer, de Robert Guiscard et des dix autres glorieux enfans de Tancrède de Hauteville. Quelque imparfaite que soit cette traduction, son antiquité, sa portée historique, le dialecte français dans lequel elle est rédigée, tout lui donnait des droits au choix de l'honorable Société; et M. Champollion-Figeac, en devenant son éditeur, s'est acquis à la reconnaissance de tous les amis des études historiques des titres que personne ne songera sans doute à lui contester.

Les exploits des Normands, avant le 13e siècle, ont eu vraiment le caractère des aventures les plus romanesques. C'est au point qu'au lieu d'aller chercher en Orient ou dans les îles du Nord la source des fictions épiques du moyen-âge, on pourrait se contenter de remonter, pour la découvrir, à l'histoire des guerriers scandinaves venant poser leurs tentes au milieu des Francs et demander à cette nation, la plus intrépide de toutes, un droit de bourgeoisie qu'elle n'ose lui refuser; puis débarquant en Angleterre, en faisant la conquête, y transportant leurs coutumes, leurs lois et la langue française, déjà devenue la leur. Ce n'était pas assez pour eux : afin de distraire leur inquiétude et d'étancher la soif de combats qui les dévore, chaque année voit des familles normandes parcourir l'Europe, venir en aide aux plus faibles et, partout, faire trembler ceux qui les aperçoivent dans les rangs de leurs adversaires. L'Espagne, l'Egypte et la Grèce retentissent du bruit de leur bravoure et de leurs actions prodigieuses. Robert Crépin donne la chasse aux Maures dans la Catalogne ; Ursel de Bailleul rend l'Arménie aux empereurs de Constantinople ; enfin les enfans de Tancrède de Hauteville se montrent en Italie, et bientôt après la Sicile, les deux Calabres et tout le royaume de Naples deviennent la propriété incontestée d'une famille normande.

Comment le spectacle de tant d'exploits n'aurait-il pas donné naissance à ces héros de la chevalerie errante, courant par monts et par vaux ; recevant en tous lieux le plus respectueux accueil ; épousant des infantes, renversant des princes, des rois, des empereurs ; récompensant le plus magnifiquement du monde les services de leurs écuyers et de leurs compagnons d'armes? Boémont seul, le fils de Robert Guiscard, fit long-tems pâlir sur son trône l'empereur de Constantinople. Guiscard, avec sept chevaliers, mit un jour en fuite une armée complète. Une autre fois les hommes d'armes de l'empereur d'Allemagne et du pape réunis n'avaient pu soutenir le choc de sept cents chevaliers normands; cependant le pape était un homme de Dieu (c'était saint Léon, neuvième du nom); et pourtant personne ne doutait alors de la suprême influence du vicaire de Jésus-Christ sur les affaires temporelles. Mais on croyait plus assurément encore que rien au monde ne pouvait obliger les chevaliers normands à tourner le dos dans une bataille, et cet article de foi faisait oublier tous les autres.

Amat, qui mourut en 1093, n'a pu raconter les exploits des enfans de Robert Guiscard ; il arrête son récit à l'année 1078, époque de la mort de l'un de ses deux héros favoris, Richard, prince de Capoue (1). Quant aux émigrations les plus anciennes, il en trace rapidement l'histoire. Les premiers Normands que l'on eût vus peut-être sur la terre d'Italie revenaient d'un pèlerinage fait, suivant Amat, au Saint-Sépulcre de Jérusalem, et suivant les historiens pos-

---

(1) Je ne puis m'empêcher de relever ici une méprise du savant éditeur : dans ses *Prolégomènes*, page 33, il désigne Richard comme l'un des enfans de Tancrède de Hauteville. Richard n'était pas même parent de Robert Guiscard : il était petit-fils de Gislebert, l'un des cinq chevaliers normands qui, bannis de leur pays en punition d'un assassinat, étaient arrivés en Italie dans les premières années du 11e siècle, et bien avant Guillaume *Bras-de-Fer*.

térieure, où mont Gargano, en Apulie. Ils trouvèrent la ville de Salerne assiégée par une flotte de Sarrasins et déjà réduite à la dernière extrémité. Gaimard, le prince de la contrée, demanda conseil à ces étrangers; ceux-ci répondent en offrant le secours de leurs bras. Le jour même ils font une sortie; ils jettent l'épouvante au milieu des Musulmans; ils les obligent à remettre à la voile, et la ville de Salerne est ainsi délivrée par quarante chevaliers normands.

Ne demandez pas si la reconnaissance des habitans de Salerne fut acquise à nos pèlerins. Ils retournèrent dans leur Normandie comblés de présens, et firent de l'Italie les peintures les plus enivrantes. Ce fut à la même époque que Gislebert et ses quatre frères se dirigèrent vers la Pouille. On leur donna des châteaux à garder et des villes à conquérir sur les Grecs et sur les Sarrasins. Puis, en Normandie, le vieux Tancrède de Hauteville, ayant douze enfans vigoureux, affamés et amateurs d'aventures, envoya les trois aînés, Guillaume, Droon et Humphroi, sur la route qu'avait suivie Gislebert. A peine arrivés en Sicile, le prince de Salerne confia son gonfanon, c'est-à-dire le commandement de ses armées, à Guillaume. « Et à dire la vérité, » remarque notre chronique, « plus valut la hardiesse et la » prouesse de ce petit de Normands, que la multitude de li » Grec et la superbe de li Sarrasin. »

C'est ce Guillaume, surnommé *Brachium Ferri*, dont nos vieux rapsodes ont, à mon avis, chanté les aventures et constaté la renommée, sous le nom de *Guillaume Fière-Brace*. Le héros d'épopée et le héros d'histoire sont tous les deux chefs d'une famille nombreuse; tous les deux fils d'un baron plus noble que riche; tous les deux reçoivent de leur père l'ordre d'aller chercher fortune ailleurs; tous les deux vont en Italie, défendent le pape, suppléent à la lâcheté des Lombards et mettent les Sarrasins en fuite. Mais là s'arrête le parallèle. L'histoire parle d'une manière fort concise de

Guillaume Bras-de-Fer; la poésie ne tarit pas sur les exploits de Guillaume Fièra-Braca, dans lequel elle semble avoir réuni ceux d'un grand nombre de guerriers du même nom.

Amat, seulement au troisième livre, commence à nous parler de *Robert Viscard*. Ce héros vint en Italie après la mort de Guillaume Bras-de-Fer, qui sans doute l'auroit mieux accueilli que ne firent d'abord ses puînés. Robert étoit le sixième fils de Tancrède. Il semble qu'une fatalité s'attache aux anciens conquérans de l'Italie ; du moins Robert, comme Romulus, préluda-t-il à l'art du conquérant par le métier de voleur. Notre historien ici n'est pas suspect de calomnie : il écrit pendant la vie de Robert ; il s'est proposé d'exalter ses actions et d'en relever la grandeur. Or, il faut l'entendre raconter les premiers exploits de son héros ; comment, n'ayant pu toucher de compassion ses frères, « il » regarda et vit terres moult larges et les champs pleins de » moult de bestes. Lors s'appensa que feroit le povre, et » prendroit voie de larron. En ce métier, toutes choses lui » failloient, encore, si ce n'est abondance de chair volée ; » mais force lui étoit de la manger sans sel, et *son boivre* » *étoit solement l'aigue de la pure fontaine.* »

Robert n'étoit-il pas bien à plaindre ? Heureusement il avoit l'esprit fécond en ressources. En une cité voisine demeuroit un homme riche avec lequel il fit amitié. Cet homme, nommé Pierre de Tyre, vouloit que Robert le nommât son père ; il eut assez de confiance en lui pour venir un jour le trouver sans être accompagné. Robert profita de l'occasion : feignant de l'accoler, il le serra si fortement dans ses bras, qu'il le fit tomber à terre, puis il lui lia les pieds et les mains. Quand le bonhomme fut transporté dans la tour qui servoit de refuge à son terrible ami, Robert se montra devant lui les yeux remplis de larmes. Je vais citer ici notre chronique : « Robert va agenouillé, et ploia le bras et requist » miséricorde, et confessa qu'il avoit fait péchié. La povreté

» soe l'avoit con-traint à ce faire. Mais tu es père, et con-
» vient que tu aides à lo fils perte. Ceste commanda la loi,
» que lo père qui est riche en toutes choses aide à la porteté
» de son fils. Et Pierre promit, et vint mille sol de or pain,
» et ensi fu délivré de la prison. » Depuis ce tems, Pierre et
tous ses troupeaux purent errer en sécurité dans la campagne.

Voilà l'un de ces épisodes, en assez grand nombre dans la chronique d'Amat, qu'on ne retrouve plus sous leur physionomie naturelle dans les écrivains postérieurs. Léon, évêque d'Ostie, l'a raconté d'après notre auteur; quelle différence, grand Dieu ! Ecoutons : *Cum Robertus pauper admodum esset, vicina urbis dominum, divitem valde virum, vocatum ad colloquium, cepit; à quo utique viginti millia aureos pro ejus absolutione recepit.* » Est-ce bien là notre histoire ? Hélas oui ! mais l'amitié précédente de Robert et de Pierre ; le nom de *père* sollicité par ce dernier; la fraude normande dont il devient victime ; enfin, les larmes de Robert et la transaction qui termine à l'amiable le différend, tout cela est regardé par Léon comme *le laid* de l'aventure ; à notre avis, c'en était *le beau*.

Plus on avance, et plus le récit prend d'intérêt et se dépouille d'obscurité. Le huitième livre, le plus remarquable de tous, est en grande partie consacré aux détails des cruautés de Gisolphe, tyran de Salerne, dont Robert Guiscard finit par débarrasser l'Italie. Les couleurs de notre historien, ou du moins de son traducteur, deviennent ici plus vives et plus saisissantes; et le siège de Salerne peut réellement soutenir le parallèle avec celui de Jérusalem, dans l'historien Josèphe. Malheureusement un aussi grand éloge doit se borner à quelques chapitres du VIII° livre. Soit que le travail d'Amat ait été (comme le lui reproche quelque part le traducteur) diffus et embrouillé, soit, comme je serais plus tenté de le croire, que ce traducteur ait été lui-même brouillon, diffus et inattentif, il est certain que la chronique française que nous avons sous les yeux et que nous sommes d'ailleurs fort heureux d'étudier, laisse beaucoup à désirer sous le rapport du style. Cependant, afin de ne pas enlever au traducteur toutes les louanges que lui donne M. Champollion, je veux bien croire que les mots omis, les membres de phrases répétés, les noms propres ridiculement travestis au point qu'il n'en est pas un seul qui ne soit écrit de plusieurs manières, tout cela ne puisse être le fait d'un scribe postérieur, désireux de confectionner une belle copie, et non pas d'exécuter un manuscrit recommandable ; mais ce n'est pas le scribe qui aura confondu sans cesse toutes les règles de l'élocution française adoptées et suivies au 14ᵉ siècle. Comparez à la chronique des Normands le *Trésor* de Brunetto Latini, qui lui est antérieur de cinquante ans, ou bien nos histoires de Joinville et de Villehardoin, vous ne pourrez croire que ce soit la même langue. Pour moi, j'avoue que je ne connais aucun monument de l'ancien français dont la lecture soit hérissée d'autant de difficultés. Je sais que, dans le fond de l'Italie, les Français avaient pu d'un côté ne pas profiter des progrès de la langue maternelle, pendant deux cents ans, et de l'autre, admettre une foule de mauvaises locutions et d'*italianismes*, comme le dit fort bien M. Champollion ; mais ils n'avaient pas adopté des obscurités de constructions que n'éclairciraient pas l'étude de l'italien, du grec, du latin, de l'allemand et du français.

Ce n'est pas non plus la faute de la langue romane si le traducteur transforme le célèbre *Dai*, beau-frère de Mello, cruellement mis à mort par Pandulphe prince de Capoue, en *une femme épouse de Mello, laquelle se clamoit Daila*; s'il ajoute que Pandulphe était beau-frère de Mello (page 21); s'il fait d'Exauguste, fils du Grec Bogien, un certain général revêtu de la dignité d'*Exauguste*, c'est-à-dire, suivant lui, *vicaire de Auguste* (page 50), et s'il prend la fameuse nation des *Varegues*, pour un homme appelé *Guarain*. Pour avoir la triste conviction de son ignorance singulière, il suffit de comparer le texte latin de la lettre de Paul Diacre à la comtesse Adelperga, avec la traduction qu'il en a faite et que M. Champollion reproduit dans ses prolégomènes. Croira-t-on que de cette comtesse Adelperga il ait pu faire mi sire *Adelpergo?* et qu'il ait traduit cette première phrase adressée à la comtesse : *Cum ad incitationem excellentissimi comparis, qui nostrae aetatis solus principem sapientiae palmam tenet...* (c'est-à-dire, il me semble : « Comme à l'exemple de votre excellent époux, qui, presque seul entre les princes, tient la palme de la science. ») par celle-ci : *Coment soit chose qui à la unité et à l'ornor de l tres excellent compere Adelpergo, lequel estes en vostre aage tenut autresi comme palme de sapience.* Certainement notre brave traducteur ne savait ici rien de ce qu'il disait. Je suis donc fâché que l'habile éditeur n'ait pas multiplié davantage et les notes et les parenthèses explicatives : je trouve son glossaire beaucoup trop court; et il en résulte que l'*Istoire des Normands* ne pourra être bien lue, si l'on ne veut pas y consacrer un tems énorme. Toutefois, je m'empresse d'ajouter que M. Champollion, eût-il fait pour la traduction d'Amat un travail comparable à celui de Lotichius sur Pétrone ou de M. Eloi Johanneau sur Rabelais, cette traduction n'en serait pas moins un témoignage fort imparfait de l'état de la langue française en Italie, dans les premières années du 14ᵉ siècle. Il ne faut donc pas s'attendre à trouver dans cette vieille chronique une lecture facile et agréable : mais tous ceux qui voudront comparer entré eux les historiens du 11ᵉ siècle, ou compléter les monumens renfermés dans les collections de Muratori, d'André Duchesne et des Bénédictins éditeurs des *Historiens de France*, feront un très-grand profit de la traduction d'Amat. L'obscurité de style et les contresens de traduction qui la déparent n'empêchent pas de conserver la trace des événements que les autres écrivains nous ont indiqués ; de là des rectifications et des complémens de la plus haute importance. D'ailleurs, la *Société de l'Histoire de France* ne se propose pas seulement de plaire aux gens du monde ; elle a pour but principal de travailler pour les *travailleurs* et de venir en aide à ceux qui veulent des matériaux de construction.

Aux huit livres de l'*Istoire de li Normant*, l'éditeur a joint deux livres de la *Chronique de Robert Viscart*, que renfermait le même manuscrit et que plusieurs motifs énumérés dans les huitième et neuvième paragraphes des prolégomènes lui ont fait également regarder comme l'ouvrage d'Amat. J'avoue que je ne partage pas sur ce point la conviction de M. Champollion : l'auteur du texte latin de cette chronique, publié par Muratori sous le titre d'*Historia Sicula*, ne me semble pas encore évidemment retrouvé ; mais il est heureux que notre éditeur, même sur des raisons assez légères, se soit cru parfaitement en droit d'en faire honneur au moins Amat ; cette persuasion ayant dû surtout l'encourager à en ajouter la traduction ancienne à celle de l'*Istoire de li Normant*. C'est un morceau fort intéressant pour les faites du Bas-Empire et de la Sicile ; seulement, le texte original en étant déjà connu, il faut avouer que la publication des huit livres d'Amat traduits est aujourd'hui pour nous d'un tout autre avantage.

Ce n'est pas tout : à la suite de la *Chronique de Robert Viscart*, l'éditeur a placé un précieux appendice renfermant : 1° un *Glossaire des mots inusités*, beaucoup trop court, par malheur, comme je l'ai déjà dit ; 2° un extrait inédit d'un manuscrit latin de la Bibliothèque royale, relatif à Robert Guiscard ; 3° et 4° deux chartes inédites, l'une donnant le nom d'un grand nombre de chevaliers normands du xi° siècle, l'autre établissant l'existence et l'ordre de filiation de Julitta, sœur du roi Roger I°'. Ces deux monumens sont accompagnés des notes curieuses de l'éditeur ; 5° enfin, le travail inédit de Du Cange sur les familles normandes. M. Champollion n'a pas publié le manuscrit dans son intégrité ; il a dû se borner, comme il nous en avertit, à l'histoire des générations mentionnées dans les textes historiques qui faisaient le grand objet de son édition. Maintenant, avant de finir, je reviendrai sur les prolégomènes de l'éditeur ; c'est la partie la plus remarquable, sans contredit, de son travail.

Ils sont divisés en douze paragraphes. Dans le premier, M. Champollion décrit avec une élégante exactitude le manuscrit et les différens morceaux de traduction romane qu'il renferme. Dans la première page est « le prohème de la translation, lequel a fait faire le seignor conte de Militrée. » Contre les habitudes du traducteur, ce nom de comte de Militrée, deux fois répété, est deux fois écrit de la même manière. Quel était néanmoins cette ville de Militrée ? L'éditeur y reconnaît *Mileto*, cité de la Calabre ultérieure. Les raisons données à l'appui de ce sentiment paraissent sans doute plausibles ; cependant, comment se fait-il que le traducteur, ayant eu souvent à parler dans la suite de bon travail de la ville de *Mileto*, ne l'ait jamais nommée que *Melito* ? Un serviteur du comte de Melitrée ne devait-il pas être bien assuré du véritable nom de cette ville ? Je reconnaîtrais donc plutôt Malte (l'ancienne Melita) dans le nom de *Melitrée* ; Malte, que Roger Ier conquit en 1090 sur les Sarrasins, et qui demeura annexée au royaume de Sicile, jusqu'au moment où les chevaliers de Saint-Jean de Jérusalem en prirent possession.

Mais pour revenir au premier paragraphe, il est maintenant acquis à l'histoire littéraire du moyen-âge (grâce aux recherches et aux investigations judicieuses de M. Champollion), que Paul Diacre, auquel on n'attribuait qu'une seule rédaction de l'histoire romaine, en composa réellement deux, à deux époques différentes. La première rédaction est la plus concise ; mais la duchesse de Bénévent Adelperga qui la lui avait demandée, l'ayant trouvée trop obscure et d'ailleurs trop peu fournie des beaux exemples que l'on pouvait emprunter aux livres saints, engagea Paul Diacre à recommencer son travail, ce qu'il fit dans la forme et avec tous les développemens que désirait y retrouver la noble dame de Bénévent. Cette découverte de M. Champollion est très-importante ; elle devra désormais guider tous les futurs éditeurs d'Eutrope et de Paul Diacre ; car ce dernier a tellement fondu son ouvrage dans celui d'Eutrope, qu'on s'est habitué à les reproduire presque toujours ensemble. Les observations de M. Champollion serviront encore à distinguer plus nettement qu'on ne l'a fait jusqu'aujourd'hui ce qui appartient en propre à chacun de ces deux écrivains.

Dans les deux paragraphes suivans, notre éditeur établit la date précise de la composition de l'ouvrage d'Amat, et démontre que les antiquaires se sont trompés jusqu'à présent en croyant reconnaître l'auteur du monument dont ils regrettaient la perte entière dans Amat, successivement moine, évêque d'Oleron et archevêque de Bordeaux vers la fin du onzième siècle. La réfutation de M. Champollion est un véritable modèle de polémique, que nous recommandons à l'étude de tous ceux qui se dévouent à l'épineuse carrière de la critique. Il appartient, de nos jours, à fort peu de savans, de relever les erreurs de leurs devanciers sans manquer au respect que doit inspirer une grande et juste illustration littéraire. « Si nous rectifions, » dit M. Champollion, « les conjectures des bénédictins, ce n'est point avec le se-
» cours de notre humble érudition, sincèrement respec-
» tueuse devant de tels noms ; mais par l'usage de quelques
» documens ignorés de leur tems, que le hasard a heureuse-
» ment révélés au nôtre ; et la raison commande, pour un
» tel bonheur, un bien modeste orgueil. »

Ces documens sont la traduction même de l'ouvrage d'Amat. On y trouve en effet la preuve qu'Amat, son auteur, était encore, en le terminant, moine du Mont-Cassin. Or, elle se poursuit jusqu'en 1178, et c'est en 1073 que l'*Amat* des Benédictins fut sacré évêque d'Oléron. De plus, cet évêque était originaire du Béarn, et la vieille traduction nous apprend que l'auteur original était *de la cité de Salerne* (p. 228). Il vaut donc mieux restituer la gloire de ce précieux travail historique à l'évêque de Nusco, Amat, lequel avoit été moine au début de sa carrière religieuse, et était mort en odeur de sainteté l'année 1093; comme nous l'apprend Ughelli dans son *Italia sacra*.

Les paragraphes 4 et 5 résolvent toutes les questions que pourraient faire naître la version française et le texte latin restitué. Les suivans se rapportent au texte, à la traduction et à la publication de la Chronique de Robert Viscart. J'en ai dit quelques mots dans le corps de ce long article. Il ne me reste plus qu'à remercier, au nom de tous les hommes studieux, M. Champollion du travail remarquable dont il vient d'enrichir la science, et la *Société de l'Histoire de France* du choix qu'elle a fait de l'éditeur de cet ouvrage. On annonce comme devant bientôt paraître, sous les auspices de la même Société, une nouvelle édition de *Villehardoin*, faite sur des manuscrits récemment découverts; une nouvelle édition de *Froissart* et de nouveaux mémoires historiques inédits sur la Ligue et sur la Fronde. Nous avons grande confiance dans l'activité de ceux qui doivent consacrer leur tems à ces travaux, et dans le mérite des volumes annoncés. Mais, au nom du ciel, qu'ils paraissent ! l'*Ystoire des Normands* a dû naturellement redoubler notre impatience.

PAULIN PARIS.

(Extrait du *Moniteur* du 25 novembre 1835.)

De l'imprimerie de Mme Ve ADASSE,

Dissertations philologiques et bibliographiques par M. Ch. Nodier, et autres, à joindre au Bulletin du Bibliophile.

25 CENTIMES CHACUNE POUR LES SOUSCRIPTEURS.

1°. Avec le N° 2. De la Liberté de la Presse avant Louis XIV.
2°. ———— 6. De la Reliûre en France au XIX° siècle.
3°. ———— 7. De quelques Livres satiriques et de leur clef. 1re partie.
4°. ———— 8. Suite de cet ouvrage. 2° partie.
5°. ———— 9. De la Maçonnerie et des Bibliothèques spéciales. 1re partie.
6°. ———— Le 10° numéro est composé *du langage factice appelé macaronique.*
7°. ———— 11. De la Maçonnerie et des Bibliothèques spéciales. 2° partie.
8°. ———— 12. Des Matériaux dont Rabelais s'est servi pour la composition de son ouvrage.
9°. ———— 13. Des auteurs du XVI° siècle qu'il convient de réimprimer.
10°. ———— 14. Comment les patois furent détruits en France.
11°. ———— 15. Annales de l'imprimerie des Aldes.
12°. ———— 16. Artifices de certains Auteurs pour déguiser leurs noms.
13°. ———— 17. Échantillons curieux et statistiques.
14°. ———— 18. De quelques langues artificielles qui se sont introduites dans la langue vulgaire.
15°. ———— 19. Du Dictionnaire de l'Académie française. 3 parties.
16°. ———— 21. Bibliographie des fous, par Ch. Nodier. 2 parties.
17°. ———— 22. Les Papillottes du perruquier d'Agen, par le même.
18°. ———— 23. Notice sur l'origine des cartes à jouer, par le Bibliophile Jacob.
19°. ———— 24. Notice sur le manuscrit de la chronique des Normands, et sur l'édition qu'en a faite M. Champolion pour la Société de l'histoire de France, par M. Paulin Paris.

1835.

BULLETIN DU BIBLIOPHILE

OU

NOTICE

DES LIVRES VIEUX ET NOUVEAUX, TANT
IMPRIMÉS QUE MANUSCRITS, LETTRES
AUTOGRAPHES, ETC., QUI SONT EN
VENTE EN LA LIBRAIRIE DE
TECHENER.

N° 23.

PARIS,
PLACE DE LA COLONNADE DU LOUVRE,
N° 12.

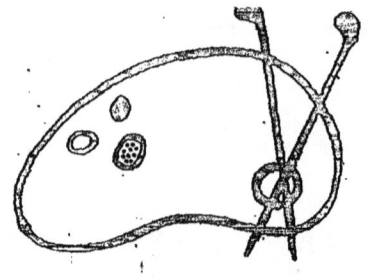

Original en couleur
NF Z 43-120-8

www.ingramcontent.com/pod-product-compliance
Lightning Source LLC
Chambersburg PA
CBHW060119170426
43198CB00010B/948